Kaufm. Schulen I
Wirtschaftsgymnasium
Wirtschaftsschule
Kaufm. Berufsschule
Herdstraße 7/2 — Postfach 1460
7730 Villingen-Schwenningen

Im Bücherverzeichnis OZ. _6684_ eingetragen

Heinrich Albertz
Herausgeber

Die Zehn Gebote
Eine Reihe mit Gedanken und Texten

10

Laß dich nicht gelüsten
deines Nächsten Hauses...
noch alles,
was dein Nächster hat

Redaktion und Textauswahl:
Wolfgang Erk, Hartmut Joisten, Jo Krummacher, Ingrid Weng

CIP-Kurztitelaufnahme der Deutschen Bibliothek

Die *Zehn Gebote*: e. Reihe mit Gedanken und Texten /
Heinrich Albertz Hrsg. – Stuttgart: Radius-Verlag
  (Radius-Bücher)

NE: Albertz, Heinrich [Hrsg.]

10. Laß dich nicht gelüsten deines Nächsten Hauses...
noch alles, was dein Nächster hat
1. Auflage – 1988

Laß dich nicht gelüsten deines Nächsten Hauses...
noch alles, was dein Nächster hat. /
Heinrich Albertz Hrsg. – 1. Auflage –
Stuttgart : Radius-Verlag, 1988.
  (Die Zehn Gebote; 10) (Radius-Bücher)
  ISBN 3-87173-763-1

NE: Albertz, Heinrich [Hrsg.]

3., 2., 1., Auflage (die letzte Ziffer gilt für diese Ausgabe)
ISBN 3-87173-763-1
© 1988 by RADIUS-Verlag GmbH Stuttgart
Umschlag: Gerhard Schröder
Gesamtherstellung: Clausen & Bosse, Leck
Printed in Germany

Volker Nollau: Was ist das? Versuche einer Antwort 9
Gerhard Begrich: Vom Fischer und seiner Frau. Nachdenkliches zum 10. Gebot 14
Ingrid Weng: Am Anfang war das Begehren. Beobachtungen zum 10. Gebot 19
Friedemann Oettinger: Begehrlichkeiten 30
Jo Krummacher: Gottesreklamation. Eine Montage 37
Axel Denecke: Laß dich nicht gelüsten nach einem Haus 40
Jo Krummacher: Steine, Schwamm und Sand. Eine Szene 50
Hans-Peter Hellmanzik: Neid 52
Hartmut Joisten: Gegen Machenschaften 60
Gebhard Böhm: Erwerben und besitzen 64
Hans-Richard Reuter: Der reiche Mann und der reiche Mensch. Predigt über Lukas 12,13–21 72
Jo Krummacher: Krösus und Christus. Ein Dialog 80
Ökumenischer Rat der Kirchen: Geteiltes Leben in weltweiter Gemeinschaft. Ergebnisse der Weltkonsultation in El Escorial 83
Joachim Schmidt: Die Distanz der Ehrfurcht und die Freiheit der Forschung 90
Ingrid Weng: Jesus-Experiment 98
Rosemarie Wagner-Gehlhaar: Vom Haben zum Sein 99
Claus-Dieter Schulze: Alternative Emanzipation. Predigt 102

Literarische und dokumentarische Texte von / aus: Buddha, Koran, Babylonischer Talmud, Bhagavadgita (13); Neues Testament (18); Ernesto Cardenal (25); Leo Tolstoi (26 ff); Antoine de Saint-Exupéry (29); Max Horkheimer (35 f); Friedrich Adolph Krummacher, Heinrich Gottlieb Zerrenner (39); Augustinus, Friedrich Nietzsche (49); Theodor W. Adorno, Platon, Jüdische Anekdote (51); Dorothee Sölle (59); Hermann Hesse (62); Martin Luther, Karl Barth, Ernst Käsemann, Dom Helder Camara, Gotthold Ephraim Lessing (63); EDCS-Adressen (69 f); Johann Wolfgang von Goethe, Hans Magnus Enzensberger (70); Hans-Peter Dürr, Max Frisch, Karl Kraus, Georg Christoph Lichtenberg (71); Peter Huchel (81 f); Hans-Joachim Kraus, Milliardärs-Statistik (89); Hans Jonas (97); Talmud (98); Elie Wiesel (101); Lao Tse, Konfuzius (106)

Quellen 107
Die Autoren 110

Begehren
Wirst du nicht
Eines anderen Menschen Haus
Eines anderen Menschen Frau
Eines anderen Menschen Knecht
Eines anderen Menschen Magd
Eines anderen Menschen Getier.
Begehren
Wirst du nichts,
Was einem anderen Menschen gehört.

Exodus 20,17
in der Übersetzung von Walter Jens

Volker Nollau
Was ist das?

Versuche einer Antwort

Was ist das? Kurz und knapp, einprägsam und für jedermann verständlich erklärte Martin Luther – sich eben diese Frage stellend – seinen Zeitgenossen die zehn Gebote. Auch das letzte:

Wir sollen Gott fürchten und lieben, daß wir unserem Nächsten nicht sein Weib, Gesinde oder Vieh abspannen, abdringen oder abwendig machen, sondern dieselben anhalten, daß sie bleiben und tun, was sie schuldig sind.

Diese Erklärungen auswendig rezitieren zu können, des Reformators »Was-ist-das?« wie »im Schlafe« aufzusagen, war – und ist? – eines der wesentlichen Ziele eines »erfolgreichen« Konfirmanden-Unterrichts. Über viele Generationen hinweg.

Doch auch seit vielen Generationen vergaß – und vergißt – man das Gelernte, nahm – und nimmt – es nicht allzu ernst. Der bedrückende Eindruck hoher und festgefügter Mauern, die die Zeitläufte fast unversehrt überstehen, ist bis heute ein beredtes Zeugnis dafür. Weib, Knecht, Magd, Ochs und Esel entzog man doch lieber den begehrlichen Blicken und dem möglichen Zugriff des Nächsten. Wer wußte schon, wie wichtig ihm das zehnte Gebot ist? Nein, dessen war man sich zu keiner Zeit sicher. Man hatte schließlich seine Erfahrungen!

So fügte man – Mauern bauend – Stein auf Stein um den eigenen Besitz, um Burgen und Klöster, um Städte und bäuerliche Gehöfte. Die Tore reichten oft kaum zum Herein- und Herausfahren. Aus massivem Eichenholz gezimmert und mit imponierenden Eisenbeschlägen versehen, sollten sie der Begehrlichkeit der anderen Einhalt gebieten.

Mauern und Zäune, massiv und hoch – in unserem Jahrhundert nun aus Beton, aus Stacheldraht und mit Hochspannung geladen – scheinen bis zum heutigen Tage zu den unverzichtbaren Requisiten menschlichen und staatlichen Zusammenlebens, besser wohl: Abgegrenztlebens, zu gehören.

Auf ihre Unüberwindbarkeit, ihre Undurchlässigkeit zu bauen, gilt nach wie vor als vernünftiger, als der Wirksamkeit eines Gottesgebotes, seinem moralischen Imperativ zu vertrauen.

Also: Sollten wir es nicht einfach in Vergessenheit geraten lassen, »zu den Akten legen«, eben schlicht der Vernunft gehorchend? Oder... wollen wir uns – scheinbar wider alle Vernunft und Vernünftigkeit – dem Angebot dieses Gebotes für das Zusammenleben mit unserem Nächsten anvertrauen? Nicht um Luther verbessern oder korrigieren zu wollen, sondern als Versuch, das zehnte Gebot heute verstehen zu können, hätten wir wie er zu fragen: *Was ist das?*

Die erste Antwort: *Wir sollen Gott fürchten und lieben, daß wir das von ihm geschenkte Ich annehmen.*

Martin Buber erzählte einmal von einem weisen Rabbi folgende Legende: »Vor seinem Ende sprach Rabbi Susia: ›In der kommenden Welt wird man mich nicht fragen: Warum bist du nicht Mose gewesen? Man wird mich fragen: Warum bist du nicht Susia gewesen?‹«

Genau dies will uns wohl das zehnte Gebot sagen. Es mahnt uns, nicht ein anderer sein zu wollen, kein Klügerer und Begabterer, kein Berühmterer und Bewunderterer, kein Größerer und Mächtigerer. »Laß Dich nicht gelüsten...«, diese vier Worte fragen uns immer wieder an, ob wir bei all unserem Tun und Lassen noch wir selbst sind und bleiben.

Gewiß will das zehnte Gebot dem Verfall menschlicher Gemeinschaft wehren, aber eben auch der Selbstzerstörung des einzelnen.

Die bohrenden Fragen, die tief in der Seele ihren Ursprung haben, wer kennt sie nicht? Warum gewinne ich nicht – so wie andere – das große Los? Warum bin ich nicht so erfolgreich wie andere? Warum gelingt mir nicht, was andere scheinbar spielend schaffen?

Zeitlebens werden wir wohl nie eine befriedigende Antwort finden. Denn es ist gewiß der vermessenste Wunsch, ein anderer zu sein als der, der man ist. Die Gebrüder Grimm haben es jedermann mit ihrem Märchen »Vom Fischer un syner Fru« vor Augen geführt. Ein kluger Mann hat es sogar als einen Beweis für Gottes Weisheit bezeichnet, daß er diesen Wunsch nie erfüllt. Denn er hat mich als Ich geschaffen.

Die zweite Antwort: *Wir sollen Gott fürchten und lieben, daß wir nicht »Haben« als den Sinn des von ihm gegebenen »Sein« ansehen.*

Wieviel Erde braucht der Mensch? In einer beeindruckenden Erzählung gibt Leo Tolstoi auf diese Frage eine erschreckende Antwort: Ein Mensch darf in Zukunft ein Stück Erde sein eigen nennen, das er vom Aufgang der Sonne bis zu ihrem Untergang zu umlaufen in der Lage ist. So eilt, hetzt er – um eines möglichst großen Besitzes willen – in immer größer werdenden Bögen um den zukünftigen Grund und Boden. In wenigen Stunden wird er so reich sein wie seine Nachbarn. Vielleicht auch reicher als die anderen! Wenn, ja, wenn er seine Schritte noch beschleunigt. Als die Sonne hinter dem Horizont verschwindet, ist er am Ziel seiner Wünsche. Er ist auch ein Habender... und bricht tot zusammen. Zwei Quadratmeter nur der riesigen erlaufenen – erjagten – Fläche fruchtbarsten Ackerlandes braucht dieser Mensch nun noch. Für sein Grab.

Das zehnte Gebot bedarf wohl kaum einer einprägsameren Interpretation. Es will uns davor warnen, unser Wohl mit unserem Heil zu verwechseln. So »verordnet« es uns – geradezu als eine »Lebensmedizin« – ein Sein ohne den oft vernichtend wirkenden Drang nach »Haben«. Unsere Väter nannten sie die »inneren Werte«, die es zu pflegen gelte. Wir sprechen heute lieber von Selbstverwirklichung. Beides aber meint im Grunde genommen dasselbe: ein Leben, dessen Reichtum im Ich-selbst-Sein, im »Sein«, nicht im »Haben«, begründet ist.

Natürlich ist eine solche Interpretation nicht nur einer Reihe von Mißverständnissen ausgesetzt, sondern in ihrer sozialen Dimension vielfach mißbraucht worden. Luthers Erklärung hat gewiß dafür immer wieder als Vorwand gedient. Magd und Knecht – Arbeitnehmer – seien anzuhalten, zu bleiben (wo und was sie sind) und zu tun, was sie (ihrem Herrn, ihrem Arbeitgeber) schuldig sind. Der Volksmund drückt es sogar als eine Art Lebensweisheit auch so aus: Schuster, bleib' bei deinem Leisten.

Nein, das zehnte Gebot ist kein himmlischer Befehl, sich mit ungerechten Strukturen abzufinden. Es ist auch nicht eine göttliche Anordnung, die den Reichtum der Reichen und die Armut der Armen, den Dienst der Dienenden und die Herrschaft der Herrschenden auf ewig festschreibt. Und es will schon gar nicht auf ein besseres Jenseits vertrösten. Dieses Gebot ist ein Gebot für das Diesseits! Es verpflichtet jeden einzelnen, durch sein Streben nach »Haben« das »Sein«, das Ich-Sein des anderen, seines Nächsten, nicht zu zerstören.

Die dritte Antwort: *Wir sollen Gott fürchten und lieben, daß wir nicht begehren, was der nächsten Generationen ist.*

Im »Kapital« findet man den erstaunlichen Satz: »Keine Gesellschaft, nicht einmal alle gleichzeitigen zusammengenommen, sind Eigentümer dieser Erde. Sie sind nur ihre Nutznießer und haben sie als gute Haushalter den nachfolgenden Generationen zu hinterlassen.« Karl Marx erweist sich hier als ein guter Ausleger dessen, was uns – gerade heute – das zehnte Gebot zu sagen hat.

Haben Generationen vor uns hohe Mauern errichtet, auch um Kindern und Kindeskindern Ererbtes und Geschaffenes zu bewahren, so praktizieren wir einen Lebensstil, der ein erfülltes Leben der zukünftig Nächsten in Frage stellt. Das »Trachten nach dem Reich Gottes und seiner Gerechtigkeit« kommt in unserem Katalog des Erstrebenswerten kaum noch vor, sondern vielmehr die kompromißlose Ausnutzung dessen, was die Schöpfung bereithält.

Für uns allein? Das zehnte Gebot beantwortet diese Frage mit einem eindeutigen Nein.

In der Sprache seiner Zeit zählt dieses Gebot all das auf, was irdischen Wohlstand sichern sollte und eben deshalb der Begehrlichkeit der anderen ausgesetzt war: Weib, Knecht, Magd und Vieh. Heute würden wir gewiß andere Prioritäten setzen. Rohstoffe und Energie stünden an erster Stelle dessen, was menschliche Gemeinschaften – Staaten und Wirtschaftsvereinigungen – für ihr Wohlergehen in reichem Maße zu besitzen und zu verbrauchen anstreben.

Es sind »einsame Rufer in der Wüste«, die mahnen – ganz im Sinne des zehnten Gebotes –, heute nicht das zu begehren, was unseren Kindern und Enkeln, ihren Kindern und Enkeln vorbehalten, zugedacht ist.

In den fünfziger Jahren erregte ein Buch großes Aufsehen. Sein Autor: Robert Jungk. Sein Titel: Die Zukunft hat schon begonnen. Es war in der Tat eine faszinierende Zukunft, die damals anzubrechen schien. Aber: diese Zukunft begann auch damit, daß die heutige Generation vom Morgen Besitz ergriff und von dem, was wohl erst den Nachgeborenen bestimmt war.

Festgefügte Mauern reichten nicht mehr aus, um diesen vermeintlichen Anspruch zu sichern. Waffen mit unvorstellbarer Vernichtungskraft sollten die anderen abschrecken, den eigenen Vorgriff auf die Zukunft in Frage zu stellen.

Aber auch das ging – und geht bis heute – zu Lasten der nächsten Generationen, denen, wie hoffentlich auch uns, die Liebe Gottes, unseres und ihres Schöpfers, gilt. Vielleicht verstehen wir nun, warum er den neun Geboten eben dieses zehnte hinzufügte: »Du sollst nicht begehren... alles, was sein ist« – deines heutigen und eben auch zukünftig Nächsten.

Nein, wir dürfen es nicht in Vergessenheit geraten lassen oder »zu den Akten legen«, das zehnte Gebot. Um Gottes willen, nein!

Zum dreifachen rechten Lebenswandel in Gedanken gehört, daß man nicht begehrt, was einem anderen gehört.

Buddha

Bringt euch nicht untereinander in betrügerischer Weise um euer Vermögen, und wendet euch damit nicht zu dem Zweck, die Leute in sündhafter Weise um einen Teil ihres Vermögens zu bringen, an die Richter!

Koran, Sure 2,188

Vier Arten gibt es bei Almosengebern: Wer wünscht, daß er selber gibt, nicht aber, daß andere geben, dessen Auge ist neidisch gegen das, was des andern ist; daß andere geben, nicht aber, daß er selber gibt, dessen Auge ist neidisch gegen das, was sein ist; daß er selber gibt und daß andere geben – ein Frommer; daß er selber nicht gibt und daß andere nicht geben – ein Frevler.

Babylonischer Talmud

Wie Feuer von Rauch, ein Spiegel von Staub und das Ungeborene vom Mutterleib bedeckt wird, so wird das Leben von der Lust bedeckt; diese ist die ewige Feindin der Reinheit des Lebens; sie läßt sich niemals befriedigen und brennt wie ein Feuer.

Bhagavadgita

Gerhard Begrich
Vom Fischer und seiner Frau

Nachdenkliches zum 10. Gebot

Nicht das Begehren, sondern die Maßlosigkeit der Begierde zerstört den Menschen.
»Es war einmal ein Fischer und seine Frau, die wohnten zusammen in einem alten Pott dicht an der See.«
Mit der Sprache beginnt alles. Hier ist es die Sprache des Mannes. Denn das Märchen erzählt diese Geschichte anders, als der Eingangssatz vermuten läßt. Der erste Satz müßte lauten: Es war einmal eine Frau, die hatte einen Mann, der war ein Fischer. Aber so heißt der erste Satz eben nicht. Es ist kein Zufall, es ist eine Machtfrage. Die Frau gilt zunächst nur in Beziehung zum Mann etwas. Es war ein Fischer – das ist gut. Der hatte eine Frau – das gehört sich so. So heißt es auch bis in unsere Tage: Lieber Leser und lieber Zuhörer, lieber Mieter und liebe Teilnehmer, als ob es gar keine Frauen gäbe. So sagen wir auch gern: Politiker, Direktor, Lehrer, Richter und sogar: eine Gruppe von zehn Mann, obwohl es sich ausschließlich um Frauen handelt. Die Sprache bringt es an den Tag: der Nächste, bitte; einer nach dem anderen; der Patient: beschädigt ist unsere Seele, beschädigt unsere Sprache. Was hier erzählt wird, ist die Geschichte einer Frau und eines Mannes. Denn als Frau und Mann schuf ER sie, fraulich und männlich ist der Mensch. Und so ist sie (er) Gottes Ebenbild. Schwer macht uns die Sprache die Menschlichkeit.
»Hast du dir denn nichts gewünscht?« sagte die Frau.
Es ist recht, daß der Mensch wohnt wie ein Mensch. Der Mann zeigt sich angepaßt und gleichgültig. Er weiß sich nichts zu wünschen. Er ist blind vor Armut und Resignation, weil er immer schon weiß, daß nichts zu ändern ist.
Anders die Frau, anders die Mütter der Welt, die ihr Recht auf Leben und menschenwürdiges Wohnen einklagen. Weh dem, der hier keine Wünsche hat. Die Elendsviertel der Welt, die schmutzigen Hinterhöfe des Reichtums, die Müllplätze der Gesellschaft müssen verschwinden. Alle Verhältnisse sind umzustürzen, die dem

Menschen kein Dach gönnen über dem Kopf. Es braucht der Mensch ein Haus. Darum hat sie recht, die Frau.

»Und hinter der Hütte, da war auch ein kleiner Hof mit Hühnern und Enten und ein kleiner Garten mit Gemüse und Obst.«

Nun wird es eng, nun wird es spießig: der deutsche Traum vom Häuschen mit Garten. Klein, aber mein. Das haben wir immer gewollt. Ein Haus mit blitzsauberen Stuben (wer macht sie sauber?), ein Garten mit Erdbeeren, Gewürzen und Rosen, eine Bank vor dem Haus (auf der aber nie einer [und eine] sitzt, denn es ist keine Zeit zum Ausruhn, denn wer ein Haus hat, muß schaffen: Lebensgrundsatz der Hausbesitzer) und ein Zaun drumherum – und Sonnenblumen sind darüber. Dieser Traum aber hat uns kaputt gemacht, denn wir haben alles gegeben, alles gezahlt für diese scheinbare Ruhe des eigenen Herdes. Der Besitz hat uns zerstört. Es war so schön, über den Zaun zu sehen. Wir haben einfach die Fenster zugemacht. Was geht uns die Straße an, was die Welt? Aber wir können im Frieden nicht leben, wenn andere in diesem Frieden sterben.

»So ging das wohl acht oder vierzehn Tage.«

Die Zeit des Glücks ist kurz, wird immer kürzer. Zuletzt bleibt der Augenblick. Nur der Tod macht das Glück unendlich. Es ist eine gefährliche Täuschung, das Glück halten zu wollen. Glücklich bist du nur in dem Augenblick, wo du es sagst. Wer es anders will, verfällt der Maßlosigkeit, wenn sie (er) es tut. Wir können glücklich sein, immer wieder, ab und zu, aber nicht immer. Das ewige Glück ist ein tödlicher Traum, weil nichts mehr genügt. Daran stirbt das Glück.

»Er sagte bei sich selbst: ›Das ist nicht recht‹, er ging aber doch hin.«

O Mann, was hast du getan! Warum spricht er nicht mit seiner Frau, wenn es schon »seine« ist? Warum sagt er nicht, was er fühlt, was er denkt? Er weiß um das Unrecht, das im Laufe der Zeit, dieser Geschichte, zunehmen wird, er tut's aber doch. Mit solchen Männern wurde Geschichte gemacht... Wir müssen es wieder lernen, zärtlich zu sein, Gefühle zu äußern und Angst zu zeigen.

»Da ging der Mann fort und dachte, er wollte nach Hause gehn...«

Die Erzählung hält noch einmal inne, bevor das Unglück seinen Lauf nimmt, bevor die Maßlosigkeit der Begierde Herz und Haus zerstört. Der Mann kennt das Maß seines Hauses, weiß, was gut ist für seine Seele, weiß, was der Mensch braucht (der ein Mann ist in diesem Fall): ein Dach über dem Kopf gegen Regen und Schnee, eine Wand gegen den Sturm und seine Frau für das Glück – aber keinen Palast aus Steinen und Gold, denn unser Herz verblutet daran. Reichtum und Macht zerstören die Liebe. Denn ein Liebender übt keine Gewalt, eine Liebende schlägt nicht... Die Geschichte ist anders. Das Märchen leider auch. Nicht die Mauern schaffen Geborgenheit, sondern die Herzen.

»... und sie sah aus ihrem Bett das herrliche Land vor sich liegen.«

Längst ist die Begierde zu besitzen erwacht. Das ist nicht die Freude an der Herrlichkeit der Schöpfung, an Wäldern, Wiesen und Seen. Nein. Das ist die Lust zu haben. Wenn nötig, mit Gewalt. Wer die Macht hat, nimmt sich, was er haben will (das ist nicht, was er braucht!). So hat Naboth seinen Weinberg verloren, und so verliert Pedro in Brasilien seinen Acker... Begierde und Macht: das ist eine tödliche Koalition. Für die andern, versteht sich.

»Ach, Frau, was steht dir das schön, wenn du König bist!«

Es ist ein Unrecht, aber schön ist es doch. Und dem Mann gefällt es so, wie es ist. Hier ist er also nicht besser als seine Frau. Aber diese Schönheit ist nur des Schrecklichen Anfang. Wer Gefallen findet am Ergebnis des Unrechts, rechtfertigt die böse Tat.

»Das geht und geht nicht gut.«

Das wäre ein Satz gewesen – für unsere Schulbücher, für unsere Deutschstunden, für unsere Geschichte: z. B. 1914 oder schon 1871, 1933 oder schon 1930, 1939 oder schon 1938... und nach dem Krieg: die Währungsreform, die Militarisierung, die Wehrpflicht, der Wohlstand, die Zerstörung der Wälder, die Überdüngung der Felder... nein: das geht nicht gut.

»Da kriegte er Angst und ging hin...«

Der Mann bekommt Angst. Das ist gut so – aber leider die »falsche Angst«, vor seiner Frau, statt vor seinem Tun. Das ist auch eine Erkenntnis der deutschen Geschichte: Vor unserem Tun und Lassen sollte uns Angst werden.

»Der Himmel war in der Mitte noch so ein bißchen blau.«

Dieses »noch« ist unsere Hoffnung, die auch das Märchen nicht verschweigt. Denn der Himmel ist das, was uns keiner nehmen kann.

»Ha, könnte ich nicht auch die Sonne und den Mond aufgehen lassen?«

Diese Begierde kennen wir längst. Aber nur einmal hat Gott das zugelassen: als Josua rief: »Sonne, steh still zu Gibeon, und Mond, im Tal Ajalon«, da war ER so überrascht, daß ein Mensch sich so überheben kann, daß ER tat, was Josua wünschte. Einmal und nie wieder. Schon Hiob tritt ER entgegen mit der ganzen Macht seiner Schöpferkraft. ER antwortet Hiob. Dieser will mit Gott rechten, will Seinesgleichen sein. Aber wer sein will wie Gott, der muß Schöpfer sein. Darum fragt Gott Hiob: Wo warst du, als ich die Erde gründete, wo, als ich dem Meer seine Grenze wies? Hiob erkennt seine Grenze, weiß sein Maß, daß er nicht Schöpfer ist. Hiob hat unweise geredet. Denn um sein Maß wissen ist Weisheit, und die Furcht Gottes ist dieser Weisheit Anfang. Bei Faust finden wir diesen Übermut wieder, der tödliche Folgen hat. Faust will, genau wie Gott, dem Meer sein Ufer weisen. Blind steht er da und lauscht. Der Spaten sticht, es wird gegraben, o höchster Augenblick! Aber gegraben wird nicht am Meer, gegraben wird sein Grab. Der letzte und schönste Augenblick, den Faust besingt, ist der Tod – und der scheint ewig. Der verweilt. Der Tod gibt Faust sein Maß zurück.

»Ich will werden wie der liebe Gott.«

So steht es geschrieben. Im Märchen und in der Schrift. Dieses »eritis sicut Deus« ist nicht das Ziel der Schöpfungsgeschichte, wie Ernst Bloch meint, sondern es ist ein Zitat des Teufels, der schreibt es denn auch in Goethes Faust dem Studenten ins Studienbuch. Tödlich übernimmt sich der Mensch, will er sein wie Gott. Wir wissen nicht, was gut und böse ist. Wir wissen es nicht. Wirklich nicht. Wir suchen nur Wege des Menschen, menschliche Wege für Frau und Mann.

»Da zog er sich die Hosen an und rannte los wie ein Verrückter.«

Das ist überaus lächerlich. Denn nur lächerlich ist die eigne Untat aushaltbar. So schreibt Thomas Mann am Schluß seines »Joseph«: »Denn ein Mann, der die Macht braucht, nur weil er sie hat, gegen Recht und Verstand, der ist zum Lachen. Ist er's aber heute noch nicht, so soll er's in Zukunft sein, und wir halten's mit dieser.«

»Und da sitzen sie noch bis heute und auf diesen Tag.«

Am Ende bleiben die Fragen: Geht das, daß wir wieder anfangen können, nach dem, was war, als wäre nichts gewesen? Ist alles am Ende wieder so, wie es am Anfang war? Oder sind Mann und Frau, sind Frau und Mann, sind wir anders geworden durch unsere Geschichte?

Ist das die Gnade des Neuanfangs, wieder in dem alten Pott zu sein? Oder ganz anders: Heißt sein wollen wie Gott, arm sein wie ER? So zu leben, wie Gott zur Welt gekommen ist, in einem Stall? Ist Christus nur in der Hütte?!

Und was machen wir mit unserem Gebot – das nur vom Mann spricht? Sollen wir es neu formulieren: Laß dich nicht gelüsten deines nächsten Mann? Oder will uns dieses Gebot daran erinnern, daß das Verbot im Paradies nur dem Manne galt? Denn als Gott sprach: Vom Baum der Erkenntnis sollst du nicht essen, da hatte ER, der Allmächtige, gelobt sei ER, die Frau noch gar nicht geschaffen. So ist denn nur der Mann vertrieben aus dem Paradies?

So viele Fragen, so viele Fragen.

Oder ist es so: Das Gebot gilt für Frauen und Männer, weil auch Frauen und Männer das Paradies verloren haben?

Eine Antwort wird nur gemeinsam gefunden.

Die Frömmigkeit aber ist ein großer Gewinn für den, der sich genügen läßt. Denn wir haben nichts in die Welt gebracht; darum werden wir auch nichts hinausbringen. Wenn wir aber Nahrung und Kleider haben, so wollen wir uns daran genügen lassen. Denn die reich werden wollen, die fallen in Versuchung und Verstrickung und in viele törichte und schädliche Begierden, welche die Menschen versinken lassen in Verderben und Verdammnis. Denn Geldgier ist eine Wurzel alles Übels; danach hat einige gelüstet, und sie sind vom Glauben abgeirrt und machen sich selbst viel Schmerzen.

1. Timotheus 6,6–10

Wo dein Schatz ist, da ist auch dein Herz.

Matthäus 6,21

Niemand kann zwei Herren dienen; entweder er wird den einen hassen und den andern lieben, oder er wird an dem einen hängen und den andern verachten. Ihr könnt nicht Gott dienen und dem Mammon.

Matthäus 6,24

Seht zu und hütet euch vor aller Habgier; denn niemand lebt davon, daß er viele Güter hat.

Lukas 12,15

Ingrid Weng
Am Anfang war das Begehren

Beobachtungen zum 10. Gebot

I

Daniel, 27 Monate alt, hat früh mit dem Sprechen begonnen. Zunächst Namen, dann die Gegenstände seiner unmittelbaren Umgebung, und schließlich in einem weiteren Schritt die ersten Tätigkeitswörter »essen«, »schlafen«, »gehen«, »trinken«, bis er dann vor einigen Monaten zum ersten Mal konstruierte: »Daniel haben.« Die Bedeutung war klar: Der Löffel auf meiner Untertasse stach ihm ins Auge; für ihn war keiner gedeckt; Daniel wollte den Löffel haben. Ich stand auf, holte einen Kaffeelöffel aus der Schublade, gab ihm den; aber er bestand darauf: »Daniel haben«, und deutete energisch auf meine Untertasse. Diesen Löffel auf der Untertasse der Mama wollte er haben und keinen anderen. Einer sah aus wie der andere; doch das Verlangen des kleinen Mannes richtete sich eben auf jenen Gegenstand, der allein durch die Tatsache, daß die Mama in diesem Augenblick über ihn verfügte, höchsten Kurswert erreichte. Auch das Angebot des Papas, der ihm seinen Löffel neben den Becher legte, schlug er als kaum ernstzunehmendes Ansinnen aus. Daniels Begehr war eindeutig. Als ich ihm dann meinen Löffel abtrat, hielt er ihn mit beiden Händen fest vor sein Gesicht und zeigte uns mit einem stolzen Lachen die Freude über seinen kleinen Sieg: »Daniel haben« – und nun hatte Daniel.

Begehren, »was dein Nächster hat«, fängt früh in unserer Lebensgeschichte an. Ob die Begehrlichkeit dadurch geweckt wird, daß wir im Vergleich mit dem Besitz der anderen bei uns etwas vermissen? Ob die Lust, etwas von anderen haben zu wollen, zusammenhängt mit unserem Empfinden für die Besitzer? Ob Gleichheit der Besitzverhältnisse eine Medizin gegen Neid und Gier sein mag? Ob modische Moralität à la Erich Fromm – man wechsle vom Haben-Status in den Sein-Status – nur das Menschenbild übersättigter Luxusmenschen trifft, nicht aber den Nerv menschlicher Begehrlichkeiten? Ob die Negativ-Einstufung menschlichen Begehrens – nach

Augustinus ist Konkupiszienz das Erbe einer Schuld – eine menschenfreundliche Moral hervorbringen kann? Ob die Positiv-Bewertung des Verlangens nach Gütern und Dienstleistungen in unserer Wirtschaftsordnung humane Begehrlichkeit verfälscht oder ausschließt? Antworten auf solche Fragen fallen schwer, sind belastet von einem Wust aus Traditionen und Vorurteilen, richten sich nach unseren Besitzverhältnissen und den sozialen Gegebenheiten in unserer Umwelt. Nonnen und Kommunisten, Freudianer und Banker, Kinder und Großeltern, Lottogewinner und Erbtanten entwickeln da ihre eigenen Vorstellungen. Nur schlägt uns der Blick auf die unbefangene Begehrlichkeit des kleinen Kindes, das wir selbst einmal waren, die moralischen Krückstöcke aus der Hand, die wir uns da oder dort angeeignet haben.

II

Irgendwann kommt die Zeit der Wunschzettel. Das Begehren der Kinder erfährt – ausgerechnet zu Weihnachten – eine Ritualisierung. Wenn Christus geboren wird, gehen Wünsche in Erfüllung. Das Christkind oder seine Helfershelfer sind die Gabenbringer, Bringer freilich von erwünschten Gaben, soweit sie Geldbeutel und Geschmack der Eltern zulassen. Zwar erinnern Märchen und Erzählungen von frierenden Kindern, die den reichgedeckten Gabentisch der Wohlhabenden durch einen Türspalt erspähen, und weihnachtliche Opfer-Aufrufe an den Widerspruch von Krippenkind und Kredenz-Ritus, doch bleibt die Tatsache: der Christen höchstes Fest ist ein Festival begehrlicher Konsumlust! Die Kritik daran ist nicht neu und verhallt regelmäßig in der Wirkungslosigkeit. Und steigt der Weihnachtsprediger von der Kanzel, um im Familienkreis am Tannenbaum das Fest zu feiern, gehört auch er mit den meisten Konsumkritikern oft genug zu jener Mehrheit, die das Klingeln an den Kassen der Kaufhäuser mitinszeniert hat. »Meine geliebte Seele, *das* ist mein Begehren«: Gotteslob *und* die Güter, die als Gaben bezeichnet werden, um nicht in den Verdacht der Begehrlichkeit zu geraten. In der Praxis paßt das regelmäßig zusammen.

Mir geht es nicht ums Miesmachen. Mich stört nur der verlogene Umgang mit offenbar vorhandener Begehrlichkeit. Mehr als wir wahrhaben wollen, sind wir begehrliche Menschen; vielleicht sollten wir ganz offen darüber sprechen und uns eingestehen, daß wir sind, was wir vielleicht nicht sein wollen oder sollen: Menschen, deren Wünsche manchmal oder sogar häufig das Maß überschreiten, das ihnen, wodurch auch immer, zugemessen ist.

Vielleicht sollten wir als Erwachsene, es muß ja nicht gerade zu Weihnachten sein, uns hin und wieder die Zeit nehmen und einen Wunschzettel schreiben, all das aufnotieren, was unser Begehren ist. Einen Zettel, den niemand lesen wird und dem wir darum getrost alles anvertrauen können, wonach uns der Sinn steht. Ein ehrliches Papier, das uns verrät, was in uns herumspukt und -geistert. Es könnte uns zeigen, wohin wir unterwegs sind. Es könnte uns helfen, mit unserer Begehrlichkeit umzugehen und sie wahrzuhaben.

Belegen kann ich es nicht, beurteilen möchte ich es noch weniger: Aber gehört die Inventur unserer Begehrlichkeiten nicht sogar zur Substanz vieler Gebete? Das Gespräch mit Gott konzentriert sich nicht allein auf geistliche und ewige Gaben. Begehren kann sich in der Bitte äußern – und zum Gebet werden.

Mag sein, daß es gerade darum so bewegende Erinnerungen an Weihnachtsfeste in Not- oder Extremsituationen gibt, die immer wieder aus der Erinnerung hervorgeholt werden, weil da das Geheimnis des Einklangs von Begehren und Bitten tiefer erlebt worden ist als die Befriedigung eines Begehrens. »Jakobs Stern ist aufgegangen, stillt das sehnliche Verlangen, bricht den Kopf der alten Schlangen und zerstört der Höllen Reich.«

III

Neben die Begehrlichkeit tritt früh in unsere Lebensgeschichte auch der Wunsch, ein begehrenswerter Mensch zu sein. Kommt dieser Wunsch nicht zum Ziel, weist man uns ab oder setzt uns zurück, so erwachen Begierden, die Ersatzbefriedigung suchen. Praktische Beispiele liefert jedes psychologische Lehrbuch; wie weit neuere Wohlstandskrankheiten, etwa Fett- oder Magersucht, in diesen Zusammenhang gehören, vermag ich nicht zu sagen; der Verdacht liegt nahe.

Das Verlangen, begehrt, geliebt und gebraucht zu sein, ist konstitutiv für das Menschsein. Als Kinder brauchen wir die Zuwendung der Eltern. Später leben wir nicht nur in, sondern auch aus Partnerschaft. Und älter geworden, brauchen wir die Jüngeren, um die letzte Phase unseres Lebens zu bestehen. Anders gesagt: Wir sind darauf angewiesen, daß es andere gibt, die uns begehren oder unsere Nähe oder unseren Schatten.

Etwas ketzerisch hat Günther Anders in seiner »Kosmologischen Humoreske« das gesamte Dasein der Welt als Ausdruck göttlicher Begehrlichkeit persifliert, sofern man sich in die Logik der Metaphysik begibt. Der Seins-Gott Bamba begehrt eine Welt, um selbst begehrt zu werden, weil er mit dem alleinigen Gegenüber des Nichts auf Dauer Schwierigkeiten hätte: »Was er benötigte, war... etwas, das nicht ganz vollwertig war; mindestens etwas Hybrides, etwas ontologisch Zwielichtiges, etwas zwischen Seiendem und Nichtseiendem – kurz: eine Art von göttlicher Kolonie, gerade unabhängig genug, um ›sie selbst‹ zu sein; aber dennoch doch noch so abhängig von ihm, daß sie ihr wahrstes Sein doch immer in Ihm sehen, daß sie immer in Richtung auf Ihn da sein, immer Ihm anhängen, Ihn lieben und immer Ihn preisen würde...«

Begehren und Begehrt-Werden – wohnt es mit der creatio ex nihilo allem Dasein inne? Die Dialektik von Begehren und Begehrt-Werden läßt sich als Spiel der Liebe begreifen: »Laßt uns lieben, denn er hat uns zuerst geliebt.« (1. Joh 4,19) So, wie diese Dialektik auch als teuflisches Spiel verstanden werden kann: »Die Schlange betrog mich, so daß ich aß.« (Gen 3,13) Das Wechselspiel von Begehren und Begehrt-Werden bleibt etwas Ambivalentes.

Jedenfalls scheint es nicht unproblematisch, das 10. Gebot auf die Formel zu verkürzen: »Du sollst nicht begehren!« (Röm 7,7)

IV

»Deines Nächsten Haus, Weib, Knecht, Magd, Rind, Esel noch alles, was dein Nächster hat« nicht begehren zu sollen, zu müssen, zu brauchen, das setzt soziale Gerechtigkeit voraus, also Befreiung aus einer ungerechten Sozialordnung – aus der »Ägyptischen Knechtschaft«. Ursprünglich, so die Annahme der meisten Kommentatoren, lautete das Gebot nur: »Du wirst nicht trachten nach dem Haus deines Nächsten«, wobei mit »Haus« nicht nur die Behausung, sondern der Hausstand mit allem, was ihm zugehört, gemeint ist. Das, was nach lutherischer Zählung das 10. Gebot ist, Vers 17b, ist nichts weiter als ein späterer Kommentar zum Begriff »Haus«. Das erleichtert den Umgang mit diesem Gebot; andernfalls würde eine Sozialordnung festgeschrieben, in der die Frau im Eigentum des Mannes stünde, in der es einen Besitz an Menschen (Knechte/Mägde) gäbe, eine Sozialordnung also, die von privilegierten Befreiten und von der Befreiung Ausgenommenen ausginge. Vers 17b konterkariert den revolutionären Gehalt des originalen Gebotes und erst recht die Präambel des Dekalogs: »Ich bin der HERR, dein Gott, der ich dich aus Ägyptenland, aus der Knechtschaft, geführt habe.« (Ex 20,2)

Das 10. Gebot in der Grundbedeutung lebt von der Vorstellung einer Gesellschaft, in der keiner zu kurz kommt, in der jeder ein »Haus« sein eigen nennen kann und Schutzvorschriften wie das *Sabbatjahr* (Ex 23,10ff.) mit seinen Regelungen für einen allgemeinen Schuldenerlaß und das *Jobel-* oder *Halljahr* (Lev 25) mit den Bestimmungen über die Amnestie von Schuldsklaven und die Rückgabe von Grundbesitz an Verarmte ein soziales Gleichgewicht garantieren. Auf diesem »sabbatlichen« Aspekt der stetigen Heilung entstandener Sozialschäden gründet der Schutz des Eigentums im Dekalog. Wird dieser Zusammenhang ausgeblendet, verfälscht man das 10. Gebot zur Eigentümer-Moral. Angesichts der Überschuldungssituation, in der sich eine ganze Reihe von Völkern der südlichen Hemisphäre befinden, aber auch im Blick auf die Entstehung einer neuen Zweiklassengesellschaft aus gutverdienenden Erwerbstätigen und aufs Existenzminimum gedrückten Erwerbslosen in den westeuropäischen Ländern ein notwendiger Hinweis! An ihn hat sich heute die Frage anzuschließen, ob die Sozialbindung des Eigentums, wie sie in neuzeitlichen Verfassungen festgeschrieben ist, nicht stärker ins öffentliche Bewußtsein zu heben und ihrer nationalen Beschränkung zu entledigen wäre.

V

»Was will der Mensch auf dem Mars?« las ich neulich die Überschrift in einer angesehenen Wochenzeitung. Ich will vorwegnehmen, daß diese Frage vom Autor nicht beantwortet wurde. Plausibel erschiene mir die Antwort: Neugier treibt ihn. Anthropologen bezeichnen den Menschen als »weltoffenes Wesen«. Sie meinen damit, daß sich die Gattung Mensch nicht nur darauf beschränkt, Lebensnotwendiges zu begehren, sondern auch in einem umfassenden Sinn danach trachtet, ihr Wissen von der Welt und ihren Zusammenhängen zu mehren. Menschen sind von Natur aus wißbegierig, neugierig. Nur ideologisch verengte Sicht wird hinter der Freude am Entdecken und an wissenschaftlicher Betätigung stets materielle Begehrlichkeit vermuten.

Andererseits erleben wir in noch nie gekanntem Maße, wie die

Folgen solcher Wißbegier einerseits unerhörte Fortschritte, beispielsweise auf dem Feld der Medizin oder der Technik, ermöglichen, doch zugleich ein erschreckendes Potential der Bedrohung über den Planeten Erde gebracht haben. Die Paradiesesgeschichte setzt menschlicher Neugier Grenzen, die nicht überschritten werden können, ohne Konsequenzen zu gewärtigen. Auf Grenzüberschreitung steht Verlust des Paradieses.

Das 10. Gebot spricht vom »Haus deines Nächsten«, an dem menschliche Begehrlichkeit zum Stillstand kommen soll. Griechisch gesagt: Trachte nicht danach, den »oikos« derer, die dir nahe sind, unrechtmäßig in Besitz zu nehmen und darüber zu verfügen. Wenn wir den »oikos« als Behausung des Lebens ansehen, nicht nur als Behausung des Menschen, enthält das 10. Gebot jede Menge Sprengstoff: Dann ist der »oikos« des Leibes zu respektieren – wie weit darf da genetische Verfügungsmacht gehen? Dann ist der »oikos« von Tieren und Pflanzen zu achten – wo wird die Nutzung der belebten Natur zum »Hausfriedensbruch«? Dann ist der »oikos« der Erde zu schützen – wie wäre der »Brandstiftung« einer explosiv sich ausbreitenden Menschheit zu wehren?

Menschliche Neugier und Wißbegier entstehen aus der Situation der Begrenztheit. Nur wo es Grenzen gibt, wachsen Fragen, keimt die Lust zur Grenzüberschreitung. Auch eine Tabuisierung der Grenzen – das belegt die Geschichte vom »Sündenfall« sehr realistisch – kann die Grenzüberschreitung nicht verhindern. Freilich bleiben überschrittene Grenzen dennoch Grenzen. Sie dort in Erinnerung zu bringen, wo sie der Maßstäblichkeit des Lebens dienen, wo sie lebensbedrohliche Risiken markieren oder Umfriedungen für notwendige Schutzräume des Lebens darstellen, diesem Memento muß Neugier, die menschlich heißen will, verpflichtet sein.

VI

Die Begehrlichkeit des Menschen soll nicht mit der Sündhaftigkeit des Menschen verwechselt werden. Aber der Begehrlichkeit des Menschen wohnt die verhängnisvolle Eigenschaft inne, Fehlentscheidungen zu dynamisieren, Kräfte zur Entfaltung zu bringen, die den Weg ins Abgründige verkürzen. In der theologischen Tradition wird die Fähigkeit des Menschen, seine Begehrlichkeit an richtigen und gerechten Zielen zu orientieren, in Frage gestellt und verneint. Aus eigener Kraft gelingt ihm der Weg nicht, auf dem das

Leben Zukunft behält. So kann das 10. Gebot zur Kritik an fehlgesteuerter Begehrlichkeit werden und dazu herausfordern, in dieser Kritik nie nachzulassen, um den Weg ins Abgründige zu verlängern. Je härter und je schärfer diese Kritik ausfällt, desto größer wird das Geheimnis von der Hingabe des eigenen Lebens, wie sie Jesus bis in die äußerste Konsequenz hinein gelebt und erlitten hat. Dies als Zeichen der begehrlichen Liebe Gottes zu begreifen, an der unsere Begehrlichkeit geheilt werden kann, wäre ein Anfang, der Hoffnung läßt.

VII

Mit der Begehrlichkeit des Kindes habe ich diese Beobachtungen und Überlegungen im Umkreis des 10. Gebots begonnen. Gerade hat sich die Tür zu meinem Arbeitszimmer geöffnet, und Daniel ist zu mir gekommen. Im Garten hat er eben ein winziges Gänseblümchen gepflückt, um es mir zu bringen. »Daniel Mama schenken.« Begehren und Begehrt-Werden gehört wohl zur Dialektik der Liebe; aber mehr noch das Schenken und Beschenkt-Werden. »Wenn ihr nicht werdet wie die Kinder...«

Alle Welt trägt einen Wunsch mit sich, viele Wünsche, eine Unendlichkeit von Wünschen: noch ein Gläschen, noch ein Stück Kuchen, noch ein Blick, noch ein Wort, noch einen Kuß, noch ein Buch, noch eine Reise. Mehr und immer mehr. Alle Gesichter verwundet von Unruhe und Wünschen. Aber wir, die wir aus der Sklaverei dieser Wünsche entronnen sind, fühlen uns wie aus den Konzentrationslagern der Nazis oder von der Zwangsarbeit in Sibirien befreit.

Ernesto Cardenal

Leo Tolstoi
Eine Erzählung für Kinder

Ein Mädchen und ein Knabe fuhren in einer Kalesche von einem Dorf in das andere. Das Mädchen war fünf und der Knabe sechs Jahre alt. Sie waren nicht Geschwister, sondern Vetter und Base. Ihre Mütter waren Schwestern. Die Mütter waren zu Gast geblieben und hatten die Kinder mit der Kinderfrau nach Hause geschickt. Als sie durch ein Dorf kamen, brach ein Rad am Wagen, und der Kutscher sagte, sie könnten nicht weiterfahren. Das Rad müsse ausgebessert werden, und er werde es gleich besorgen.

»Das trifft sich gut«, sagte die Niania, die Kinderfrau. »Wir sind so lange gefahren, daß die Kinderchen hungrig geworden sind. Ich werde ihnen Brot und Milch geben, die man uns zum Glück mitgegeben hat.« Es war im Herbst, und das Wetter war kalt und regnerisch. Die Kinderfrau trat mit den Kindern in die erste Bauernhütte, an der sie vorüberkamen. Die Stube war schwarz, der Ofen ohne Rauchfang. Wenn diese Hütten im Winter geheizt werden, wird die Tür geöffnet, und der Rauch zieht so lange aus der Tür, bis der Ofen heiß ist. Die Hütte war schmutzig und alt, mit breiten Spalten im Fußboden. In einer Ecke hing ein Heiligenbild, ein Tisch mit Bänken stand davor. Ihm gegenüber befand sich ein großer Ofen.

Die Kinder sahen in der Stube zwei gleichaltrige Kinder: ein barfüßiges Mädchen, das nur mit einem schmutzigen Hemdchen bekleidet war, und einen dicken, fast nackten Knaben. Noch ein drittes Kind, ein einjähriges Mädchen, lag auf der Ofenbank und weinte ganz herzzerreißend. Die Mutter suchte es zu beruhigen, wandte sich aber von ihm ab, als die Kinderfrau eine Tasche mit blinkendem Schloß aus dem Wagen ins Zimmer brachte. Die Bauernkinder staunten das glänzende Schloß an und zeigten es einander. Die Kinderfrau nahm eine Flasche mit warmer Milch und Brot aus der Reisetasche, breitete ein sauberes Tuch auf dem Tisch aus und sagte: »So, Kinderchen, kommt, ihr seid doch wohl hungrig geworden?« Aber die Kinder folgten ihrem Ruf nicht. Sonja, das Mädchen, starrte die halbnackten Bauernkinder an und konnte den Blick nicht von ihnen abwenden. Sie hatte noch nie so schmutzige Hemden und so nackte Kinder gesehen und staunte sie nur so an. Petja aber, der Knabe, sah bald seine Base, bald die Bauernkinder an und wußte nicht, ob er lachen oder sich wundern sollte. Mit besonderer Aufmerksamkeit musterte Sonja das kleine Mädchen auf der Ofenbank, das noch immer laut schrie.

»Warum schreit sie denn so?« fragte Sonja.

»Sie hat Hunger«, sagte die Mutter.

»So geben Sie ihr doch etwas.«

»Gern, aber ich habe nichts.«

»So, jetzt kommt«, sagte die Niania, die inzwischen das Brot geschnitten und zurechtgelegt hatte.

Die Kinder folgten dem Ruf und traten an den Tisch. Die Kinderfrau goß ihnen Milch in kleine Gläschen ein und gab jedem ein Stück Brot. Sonja aber aß nicht und schob das Glas von sich fort. Und Petja sah sie an und tat das gleiche.

»Ist es denn wahr?« fragte Sonja, auf die Bauersfrau zeigend.

»Was denn?« fragte die Niania.

»Daß sie keine Milch hat?«

»Wer soll das wissen? Euch geht es nichts an.«

»Ich will nicht essen«, sagte Sonja.

»Ich will auch nicht essen«, sprach Petja.

»Gib ihr die Milch«, sagte Sonja, ohne den Blick von dem kleinen Mädchen abzuwenden.

»Schwatze doch keinen Unsinn«, sagte die Niania. »Trinkt, sonst wird die Milch kalt.«

»Ich will nicht essen, ich will nicht!« rief Sonja plötzlich.
»Und auch zu Hause werde ich nichts essen, wenn du ihr nichts gibst.«

»Trinkt ihr zuerst, und wenn etwas übrigbleibt, so gebe ich es ihr.«

»Nein, ich will nichts haben, bevor du ihr etwas gegeben hast. Ich trinke auf keinen Fall.«

»Ich trinke auch nicht«, wiederholte Petja.

»Ihr seid dumm und redet dummes Zeug«, sagte die Kinderfrau. »Man kann doch nicht alle Menschen gleichmachen! Das hängt eben von Gott ab, der dem einen mehr gibt als dem andern. Euch, eurem Vater, hat Gott viel gegeben.«

»Warum hat er ihnen nichts gegeben?«

»Das geht uns nichts an – wie Gott will«, sagte die Niania. Sie goß ein wenig Milch in eine Tasse und gab diese der Bauersfrau. Das Kind trank und beruhigte sich.

Die beiden anderen Kinder aber beruhigten sich noch immer nicht, und Sonja wollte um keinen Preis etwas essen oder trinken.

»Wie Gott will...«, wiederholte sie. »Aber warum will er es so? Er ist ein böser Gott, ein häßlicher Gott, ich werde nie wieder zu ihm beten.« – »Pfui, wie abscheulich!« sagte die Niania. »Warte, ich sage es deinem Papa.«

»Du kannst es ruhig sagen, ich habe es mir ganz bestimmt vorgenommen. Es darf nicht sein, es darf nicht sein.«

»Was darf nicht sein?« fragte die Niania.

»Daß die einen viel haben und die anderen gar nichts.«

»Vielleicht hat Gott es absichtlich so gemacht«, sagte Petja.

»Nein, er ist schlecht, schlecht. Ich will weder essen noch trinken. Er ist ein schlimmer Gott! Ich liebe ihn nicht.«

Plötzlich ertönte vom Ofen herab eine heisere, vom Husten unterbrochene Stimme: »Kinderchen, Kinderchen, ihr seid liebe Kinderchen, aber ihr redet Unsinn.«

Ein neuer Hustenanfall unterbrach die Worte des Sprechenden. Die Kinder starrten erschrocken zum Ofen hinauf und erblickten dort ein runzliges Gesicht und einen grauen Kopf, der sich vom Ofen herabneigte. »Gott ist nicht böse. Kinderchen, Gott ist gut. Er hat alle Menschen lieb. Es ist nicht sein Wille, daß die einen Weißbrot essen, während die anderen nicht einmal Schwarzbrot haben. Nein, die Menschen haben es so eingerichtet. Und sie haben es darum getan, weil sie ihn vergessen haben.«

Der Alte bekam wieder einen Hustenanfall. »Sie haben ihn vergessen und es so eingerichtet, daß die einen im Überfluß leben und die anderen in Not und Elend vergehen. Würden die Menschen nach Gottes Willen leben, dann hätten alle, was sie nötig haben.«

»Was soll man aber tun, damit alle Menschen alles Nötige haben?« fragte Sonja.

»Was man tun soll?« wisperte der Alte. »Man soll Gottes Wort befolgen. Gott befiehlt, man soll alles in zwei Teile teilen.«

»Wie, wie?« fragte Petja.

»Gott befiehlt, man soll alles in zwei Teile teilen.«

»Er befiehlt, man soll alles in zwei Teile teilen«, wiederholte Petja.

»Wenn ich einmal groß bin, werde ich das tun.«

»Ich tue es auch«, versicherte Sonja.

»Ich habe es eher gesagt als du!« rief Petja. »Ich werde es so machen, daß es keine Armen mehr gibt.«

»Na, nun habt ihr genug Unsinn geschwatzt«, sagte die Niania.

»Trinkt die Milch aus.«

»Wir wollen nicht, wollen nicht, wollen nicht!« riefen die Kinder einstimmig aus. »Wenn wir erst groß sind, tun wir es unbedingt.«

»Ihr seid brave Kinderchen«, sagte der Alte und verzog seinen Mund zu einem breiten Lachen, daß die beiden einzigen Zähne in seinem Unterkiefer sichtbar wurden. »Ich werde es leider nicht mehr erleben. Ihr habt aber einen wackeren Entschluß gefaßt. Gott helfe euch.«

»Mag man mit uns machen, was man will«, rief Sonja, »wir tun es doch!«

»Wir tun es doch«, bekräftigte auch Petja.

»Das ist recht, das ist recht«, sprach der Alte lächelnd und hustete wieder.

»Und ich werde mich dort oben über euch freuen«, sprach er, nachdem der Husten vorüber war. »Seht nur zu, daß ihr's nicht vergeßt.«

»Nein, wir vergessen es nicht!« riefen die Kinder aus.

»Recht so, das wäre also abgemacht.«

Der Kutscher kam mit der Nachricht, daß das Rad ausgebessert sei, und die Kinder verließen die Stube.

Was aber weiter sein wird, werden wir ja sehen.

»Die Menschen bei dir zu Hause«, sagte der kleine Prinz, »züchten fünftausend Rosen in einem Garten... und sie finden dort nicht, was sie suchen... Und dabei kann man das, was sie suchen, in einer einzigen Rose oder in einem bißchen Wasser finden...« Und der kleine Prinz fügte hinzu: »Aber die Augen sind blind. Man muß mit dem Herzen suchen.«

Antoine de Saint-Exupéry

Friedemann Oettinger
Begehrlichkeiten

I

»Isses wirklich das letzte?«

Frage eines Konfirmanden, der wie seine Leidensgenossinnen und -genossen neun Gebote des Dekalogs hat zur Kenntnis nehmen und auswendig lernen müssen.

»Isses wirklich das letzte?«

Ich nicke. Stumm, da ich die Frage als wenig motivierend empfinde am Beginn einer Konfirmandenstunde.

Er sieht das anders.

»Ehrlich das letzte? Na also, dann ham wer's ja bald«, meint er, pustet erleichtert Luft durch die Backen, klappt sein Heft zu und verkündet:

»Noch dreimal, dann is Zapfenstreich!«

Noch drei Wochen bis zur Konfirmation bzw. bis zur »Vorstellung«, dem Abschlußgespräch nach einem Jahr Unterricht.

Der so eingeläutete Countdown, ich mache mir nichts vor, stellt kein schmeichelhaftes Zeugnis aus über meine Bemühungen mit Konfirmanden.

Doch das Gespräch nimmt seinen Fortgang.

»Was steht'n drin im 10. Gebot?« läßt sich ein Mädchen herbei zu fragen. Blickt kurz auf den Text und stöhnt: »Och, ist das aber lang, die andern waren doch viel kürzer! Muß'n das sein?!«

»Guck mal, was da steht«, eifert eine andere und liest: »›Du sollst dich nicht lassen gelüsten deines Nächsten Hauses, noch seines Weibes...‹, – is ja echt geil!«

Unterdrücktes Kichern in der Runde. Der Junge mit dem zugeklappten Heft indes, ganz cool, blättert noch einmal und zählt auf:

»Haus, Weib, Knecht, Magd, Ochs, Esel – hab ich sowieso alles nich. Will ich auch nich. Was soll ich'n damit...!« Klappt sein Heft erneut zu, nachdrücklicher als vorhin, und haut mit der flachen Hand drauf.

Ad acta, sozusagen.

»Sonst noch was?« wendet er sich wieder an mich, blickt mir provozierend ins Gesicht, trommelt mit den Fingern auf den Tisch.

Eine Nachbarin kommt mir zu Hilfe.

»Ach du Ärmster«, spottet sie.

»Haus haste keins. Und 'ne Frau – na ja, mit dir...« Folgt ein abschätziger Blick.

»Wird wohl nichts.« Nochmal kichern ein paar.

»Aber dafür hast 'nen C 64er, 'ne High-Fi-Anlage mit Wahnsinnsboxen und 'n eigenes Zimmer. Is ja auch was, oder?!«

»Klar«, räumt der Angesprochene ein, mit der Miene eines, der's im Griff hat.

»Klar. Muß schon sein. Brauch ich auch. Muß doch auf dem laufenden bleiben. Und von meinem Patenonkel krieg ich zur Konfirmation 'nen Atari. Also, sag ich dir, mit dem haste viel mehr Möglichkeiten als mit dem ollen Commodore. Der is doch out.«

Starkes inneres Engagement hebt die Stimme des High-Tech-Spezialisten.

»Und meine Oma, weil sie nix versteht von solchen Sachen, sagt sie, gibt sie's mir einfach so, in bar. 3000,- DM hat sie angesagt! Fit die Frau, was? Denk doch mal, 3000 Piepen für...« – er sinniert kurz – »...für ungefähr 80 Konfirmandenstunden. Das sind...« – er denkt nochmal nach – »...das sind fast 40,- DM die Stunde. Lohnt sich doch, oder? Ich find die Frau Spitze!«

Während beifälliges Kopfnicken die Runde macht, bin ich im Begriff, mich einzuschalten. Vorzubringen, daß und wieso ich mit dieser Art Harmonie zwischen den Generationen nicht ungeteilt einverstanden bin. Doch ich halte meine moralisierenden Pfarrertendenzen noch einen Moment lang zurück. Nehme statt dessen wahr, auf eigentümliche Art befriedigt, wie dicht am Thema des 10. Gebotes die Kinder diskutieren. Daß es ihnen nicht bewußt wird – kann ich's ihnen anlasten, belehrend den Zeigefinger heben?

So tauschen sie noch eine Zeitlang Erfahrungen und Erwartungen aus bezüglich der wechselhaften Spendierfreudigkeit von Onkels und Großmüttern.

So lange, bis unübersehbar wird, daß einige wenige Konfirmanden sich an dem wachsenden Rausch des bevorstehenden materiellen Zugewinns nicht beteiligen und stumm bleiben.

Betroffen, aber auch verärgert, geraten einige angehende Großbesitzer in die Defensive.

»Was kann ich'n dafür, Mann, wenn welche sowas alles nich haben! Is doch nicht meine Schuld, oder? Das is doch das gleiche wie neulich hier, mit der Dritten Welt und so, als das dran war. Bin ich vielleicht schuld, wenn die da in Afrika nix zu essen haben?!«

Wieder beifälliges Gemurmel, und ich stimme zu. Nein, er kann wirklich nichts für den Hunger in der Welt. Wirklich nichts für die Tatsache, daß einige ihre Konfirmation ohne Heimcomputer feiern werden. Aber...

Doch der Bedrängte räsoniert weiter.

»Schließlich gibt's überall Arme und Reiche. Das war auch früher schon so, sagt mein Vater. Und bleibt halt so. Is eben Pech. Uns hier geht's doch allen ganz gut. Oder mußt du vielleicht hungern, he?«

Der Angesprochene wehrt heftig ab.

»Nee, so natürlich nich. Klaro. Aber...«

Diesem »Aber« schließt sich eine Diskussion an, in deren Verlauf das doch »so lange« 10. Gebot für die Konfirmanden Konturen gewinnt, – wie mir scheint.

»Gott will, daß die einen Häuser haben und die andern sich nicht gelüsten lassen!«

»Gott will, daß die einen über Produktionsmittel verfügen und die andern für deren Eigentümer schuften!«

»Gott will, daß die einen Ländereien besitzen und die andern jahrelang auf eine Sozialwohnung warten!«

»Gott will, daß die einen Rohstoffe haben und die andern sie verbrauchen!«

»Gott will, daß die einen Giftmüll produzieren und die andern ihn endlagern!« (vgl. »Der Spiegel« Nr. 24 vom 13.6.88 S. 147 ff. über europäische Giftmülltransporte in die Dritte Welt)

Und immer wieder: »Die andern« sollen nicht mal sich wehren, noch nicht mal neidisch sein dürfen?

II

Die Kinder begreifen, daß dies nicht der Sinn des 10. Gebotes sein kann.

Sie erahnen, daß »die da in Afrika« womöglich eher zu essen hätten, wenn ihre Produkte (Kaffee, Tee, Reis, exotische Früchte, Gemüse, Baumwolle u. v. a.) samt Anbauflächen auch die ihren blieben anstatt auf europäische Märkte zu gelangen, wo sie zu Schleuderpreisen unseren »täglichen Bedarf« decken.

Sie spüren, daß nicht »Begehrlichkeit« an sich schlimm ist, sondern dies, daß sie gemeinschaftszerstörend wirkt; daß sie zwischen Menschen, Völkern und Kontinenten Gräben zieht, welche die *Eine* Welt in scheinbar mehrere Welten spalten, – »Welten«, die wir dann zu numerieren uns angewöhnt haben. Die Konfirmanden erkennen, daß sorgsam gepflegte Klischees aus der sogenannten Dritten Welt für Europa aus ökonomischen Gründen nützlich sind: etwa das von der »Überbevölkerung«, davon, daß »die da in Afrika« oder in Asien sich so rasch »vermehren«. In Wahrheit sind eher wir selber »überbevölkert« – ca. 60 Millionen Menschen in der Bundesrepublik, auf engstem Raum, einem Land, auf der Weltkarte kaum größer als ein Stecknadelkopf...

Schließlich erfassen es die Kinder – hoffe ich –, daß es die Welt der Erwachsenen war und ist, die für sie, die Jungen und Mädchen, die Maßstäbe gesetzt hat und setzt. Maßstäbe, die meist unhinterfragt und vor allem unbemerkt adaptiert werden.

Maßstäbe, die Effizienz um jeden Preis fordern und menschliche Gemeinschaft (»Weib, Gesinde oder Vieh...«) stören und zerstören.

Brandaktuell ist das 10. Gebot urplötzlich, mitsamt dem Luther'schen Kommentar: wir sollen niemanden »abspannen, abdringen oder abwendig machen«.

Das immerhin gäb's ja nicht mehr, meinen die Konfirmanden. Sklaverei sei doch wohl abgeschafft. Spontan möchte ich erinnern an gängige Bundesliga-Praktiken (»Der Spieler XY wurde gekauft für eine Ablösesumme von...«), da fällt mir ein deutlicheres Beispiel ein.

Was ein »head-hunter« sei, frage ich.

»Kopfjäger«, rufen ein paar.

»Auf Borneo«, fügt ein Geographie-As hinzu.

Nein: »Head-hunter« gibt es bei uns, ganz dicht. Ein zynischer Jargon bezeichnet so gewisse hochbezahlte Leute in der Industrie. Sie werden gesucht, ausgebildet und bezahlt für keinen anderen Zweck als für den, wichtige und speziell qualifizierte Kräfte eines anderen Unternehmens für das eigene zu gewinnen und abzuziehen, natürlich gegen Bares:»abspannen, abdringen oder abwendig machen...« Dazu verfügen Unternehmen über minutiös geführte computergespeicherte Daten.

Wer bringt die für einen hochqualifizierten Arbeitsplatz oder Managerposten erforderlichen Persönlichkeitsmerkmale mit? Möglichst vollständig?

Der »head-hunter« wird ihm ein lukratives Angebot vermitteln, das seinen bisherigen Verdienst deutlich übersteigt (»Anreiz«). Leistung soll sich doch wieder lohnen!

»Du sollst nicht begehren...«

Nichts ist hier ad acta zu heften. Die Gebote vom Sinai sind kein Tagesflitter.

Nicht einmal die Armut läßt sich unter »Dritte Welt« verbuchen, – eine Binsenweisheit heute.

Immerhin vor fast fünfzehn Jahren hat Heiner Geißler (!) festgestellt, daß in der Bundesrepublik Deutschland 5,8 Mio. Menschen in bitterer Armut leben – das sind fast zehn Prozent der Bevölkerung (»Die neue soziale Frage«, Freiburg 1974).

In den USA sind es über 10 Millionen (oft nicht einmal arbeitslos), die unter der offiziellen Armutsgrenze leben müssen; weltweit sind es ca. 800 Millionen.

Niemand wird die Augen verschließen können davor, daß dies Folgen ökonomischer Begehrlichkeiten und »Gelüste« sind, die sich, gedeckt durch eine weithin »legale« Weltwirtschaftsordnung, freien Lauf lassen. Die Gegen-Begehrlichkeiten werden lauter, schärfer, härter, – und müssen es auch werden.

Dennoch, wo der Armutsgürtel schon hart bis an das Weiße Haus in Washington heranreicht (Lazarus vor der Tür...), redet die offizielle Sprachregelung des Präsidenten peinlich beschönigend von den »non-rich-people« im Lande.

Auf lange Sicht werden Unruhen, Streiks, Aufstände, auch gewalttätige Ausbrüche gegen die wenigen Besitzenden in dieser Welt nicht mehr einfach »in den Griff« zu bekommen sein, – schon gar nicht unter Hinweis auf das 10. Gebot.

Die (mögliche!) Befriedigung von Grundbedürfnissen für alle ist ein Ziel für *diese* Welt, nicht für das Reich Gottes.

III

Rabbinisches

Der böse Trieb im Menschen lüstet nur nach Verbotenem. An einem Versöhnungstag, an dem Essen und Trinken streng verboten sind, stattete Rabbi Mana dem Rabbi Chaggai, der krank war, einen Besuch ab.

Da sagte Rabbi Chaggai:

»Ich habe großen Durst.«

Rabbi Mana sprach:
»Du darfst trinken.«
Nach einer Stunde kam Rabbi Mana wieder und fragte Rabbi Chaggai:
»Wie steht es um deinen Durst?«
Da antwortete Rabbi Chaggai:
»Sowie du mir das Trinken erlaubt hast, verschwand der Durst.«
                                   Nach p. Joma VI,4, ed. Krotoschin, p. 43d

Ein Querschnitt durch den Gesellschaftsbau der Gegenwart hätte ungefähr folgendes darzustellen:
Obenauf die leitenden, aber sich untereinander bekämpfenden Trustmagnaten der verschiedenen kapitalistischen Mächtegruppen; darunter die kleineren Magnaten, die Großgrundherren und der ganze Stab der wichtigen Mitarbeiter; darunter – in einzelne Schichten aufgeteilt – die Massen der freien Berufe und kleineren Angestellten, der politischen Handlanger, der Militärs und Professoren, der Ingenieure und Bürochefs bis zu den Tippfräuleins; noch darunter die Reste der selbständigen kleinen Existenzen, die Handwerker, Krämer und Bauern e tutti quanti, dann das Proletariat, von den höchst bezahlten gelernten Arbeiterschichten über die Ungelernten bis zu den dauernd Erwerbslosen, Armen, Alten und Kranken. Darunter beginnt erst das eigentliche Fundament des Elends, auf dem sich dieser Bau erhebt, denn wir haben bisher nur von den hochkapitalistischen Ländern gesprochen, und ihr ganzes Leben ist ja getragen von dem furchtbaren Ausbeutungsapparat, der in den halb und ganz kolonialen Territorien, also in dem weitaus größten Teil der Erde funktioniert. Weite Gebiete des Balkan sind ein Folterhaus, das Massenelend in Indien, China, Afrika übersteigt alle Begriffe. Unterhalb der Räume, in denen millionenweise die Kulis der Erde krepieren, wäre dann das unbeschreibliche, unausdenkliche Leiden der Tiere, die Tierhölle in der menschlichen Gesellschaft darzustellen, der Schweiß, das Blut, die Verzweiflung der Tiere.

Man spricht gegenwärtig viel von »Wesensschau«. Wer ein einziges Mal das »Wesen« des Wolkenkratzers »erschaut« hat, in dessen höchsten Etagen unsere Philosophen philosophieren dürfen, der wundert sich nicht mehr, daß sie so wenig von dieser ihrer realen Höhe wissen, sondern immer nur über eine eingebildete Höhe reden; er weiß, und sie selbst mögen ahnen, daß es ihnen sonst schwindlig werden könnte. Er wundert sich nicht mehr, daß sie lieber ein System der Werte als eines der Unwerte aufstellen, daß sie lieber »vom Menschen überhaupt« als von den Menschen im besonderen, vom Sein schlechthin als von ihrem eigenen Sein handeln: sie könnten sonst zur Strafe in ein tieferes Stockwerk ziehen müssen. Er wundert sich nicht mehr, daß sie vom »Ewigen« schwatzen, denn ihr Geschwätz hält, als ein Bestandteil seines Mörtels, dieses Haus der gegenwärtigen Menschheit zusammen. Dieses Haus, dessen Keller ein Schlachthof und dessen Dach eine Kathedrale ist, gewährt in der Tat aus den Fenstern der oberen Stockwerke eine schöne Aussicht auf den gestirnten Himmel.

Max Horkheimer

Jo Krummacher
Gottesreklamation

Eine Montage

du
wirst nicht
verlangen
nach
dem haus
deines nächsten

WER HÄTTE GEDACHT
DASS SICH EXKLUSIVITÄT
NOCH STEIGERN LÄSST
ZEIG MIR DEINE MÖBEL
UND ICH SAG DIR
WER DU BIST

verlangen
wirst du nicht
nach
deines nächsten
weib

MACHEN SIE
AUS IHREN WÜNSCHEN
ZIELE
ES GIBT ANLASS
ZUR NEUORIENTIERUNG
ICH GLAUB
ICH TRÄUME
EIN WINK GENÜGT
UM SIE ABZUSTELLEN

knecht

DER GRÖSSTE
ARBEITSPLATZ
DER WELT
IM LOGENPLATZ
ZUM LOGENPLATZ
VORNE BLEIBEN
ERFORDERT KRAFT
SICHERT ABER
DEN ERFOLG

magd

FÜR DIE WENIGEN
DIE MEHR VERLANGEN
FÜRSTLICHER GENUSS
NUR EIN KLEINER PUNKT
ABER DER MACHT
DEN GROSSEN UNTERSCHIED
WIR HABEN
DIE BESTEN
VERBINDUNGEN

rind

SCHÖN
WENN MAN
GESCHMACK HAT
SIE ESSEN
DOCH AUCH KEINEN
LACHSERSATZ
ODER

esel

DEM ORIGINAL
SEIN ORIGINAL
GÖTTLICH
MILD
VORBILDER
EINER NEUEN ZEIT

noch
alles
was dein nächster
hat

MANCHE DINGE
GIBT ES
EBEN
NICHT
VON DER STANGE

Die Nachtigall im Käfig

Ein Landmann kam eines Tages in die prächtige Wohnung eines reichen und vornehmen Mannes. Da vernahm er den hellen Gesang eines Vogels in einem vergoldeten Käfig. Er trat hinzu, und siehe! es war eine Nachtigall. Mit wehmütigem Herzen stand er auf seinen Stab gelehnt und hörte.

Da traten die Diener des vornehmen Mannes zu ihm und sprachen: Was befremdet dich, daß du also sinnend da stehest?

Der Landmann antwortete: Es befremdet und wundert mich, wie ihr und euer Herr den traurigen Klaggesang des gefangenen Vogels in eurer schimmernden Wohnung ertragen möget.

Du Tor, versetzte einer der Diener, dünket dich denn auch der Nachtigallen Gesang traurig in deinen Feldern und Gebüschen?

Mitnichten, antwortete der Ackersmann: Sondern er erfüllet mein Herz mit stiller Freude und Bewunderung.

Singen denn jene in anderen Tönen und Weisen als diese? fragte der Diener mit spöttischem Lächeln.

Wohl freilich, sagte der Landmann. Unsere Nachtigallen verkünden zwischen grünen und blühenden Zweigen das Lob der verjüngten Schöpfung, sie singen unter dem blauen offenen Himmel das Lied der Freiheit und über ihren brütenden Weibchen den Hochgesang der Liebe.

Bei diesen Worten erhoben die Knechte ein lautes Hohngelächter und schalten den Landmann einen Narren. Der Landmann aber schwieg und kehrte zurück in seine ländliche Wohnung und zu seinem Acker.

Friedrich Adolph Krummacher

Lerne jeden ohne Unterschied für deinen Nächsten ansehen, er sei, wer er wolle, er sei Heide, Jude oder Türke, Freund oder Feind, Bekannter, oder der dich im Leben auf der Welt Gottes nichts angeht. Er geht dich doch nahe an. Er ist dein Nächster, wenn er nur ein Mensch ist.

Heinrich Gottlieb Zerrenner (1785)

Axel Denecke
Laß Dich nicht gelüsten nach einem Haus

I

Mit dem zehnten Gebot kommen wir rasch in Schwierigkeiten. Es hinkt hinterher, wirkt wie ein unvollständiger Anhang und wird daher am besten unter Vermeidung der zufälligen Konkretionen (Haus, Weib, Sklavin, Sklave, Rind, Esel...) als allgemeine Mahnung »Du sollst nicht begehren« bzw. »Laß dich nicht gelüsten« weitergegeben. Dann fällt es auch kaum auf, daß die katholische, reformierte und lutherische Zählung der Gebote hier auseinandergehen[1]. Die reformierte Kirche hat in ihrer Zählung das Summarium – in stärkster Nähe zum biblischen Text? – in einem Gebot, eben dem zehnten, zusammengefaßt. Nach lutherischer Zählung ist dies Summarium auf zwei Gebote, das 9. Gebot (»...nicht begehren deines Nächsten Haus«) und das 10. Gebot (alles, was noch übrig bleibt) aufgeteilt. Nach katholischer Zählung erfolgt hier gleich eine systematische Zuordnung. »Nicht begehren deines Nächsten Frau« folgt auf das 6. Gebot (»Nicht ehebrechen«), »Nicht begehren deines Nächsten Hab und Gut« folgt auf das 7. Gebot (»Nicht stehlen«). Das ist in der Sache richtig, denn tatsächlich ist das 10. Gebot eine Dublette und bereits in den anderen Geboten – wie der katholische Beichtspiegel deutlich macht – enthalten.

Auch ein Blick ins Alte Testament selbst bringt uns nicht weiter, verstärkt das Durcheinander eher noch. Nach 2. Mose 20,17 werden die »unbeweglichen Sachwerte« (das Haus) vorangestellt, ehe die »beweglichen Personenwerte« (Weib, Sklavin, Sklave, Rind, Esel) folgen. Damit ist also die lutherische Aufteilung in zwei Gebote nahegelegt. Nach 5. Mose 5,21 steht »das Weib« als das Wichtigste, nach dem wir »nicht gelüsten« sollen, voran, und es folgt das Verbot, alles übrige (»Haus oder Acker [neu!], Sklavin oder Sklave, Rind oder Esel des Nächsten«) zu begehren.

Angesichts dieser unklaren, ja verwirrenden Sachlage ist schon sehr früh von Exegeten gefragt worden, ob das 10. Gebot nicht tatsächlich eine nachträgliche Ergänzung sei, einmal, weil es *inhaltlich* tatsächlich eine Dublette darstellt², zum anderen, weil seine *formale* Gestalt (ausführliche, jedoch sicher nicht umfassende Aufzählung von Begehrungsobjekten) der Knappheit der anderen auf das Gemeinschaftsleben der Menschen bezogenen Gebote nicht entspricht. In der Sprachlogik der Gebote müßte es tatsächlich lediglich heißen: »Du sollst nicht begehren!« oder: »Laß dich nicht gelüsten!« Und die »runde« Zahl von 10 Geboten kann ohne Mühe auch aus dem übrigen Bestand der Gebote erhoben werden. So ist z. B. nach jüdischer Zählung bereits der erste Satz des Dekalogs »Ich bin der Herr Dein Gott, der dich aus Ägypten herausgeführt hat« das erste Gebot³. Ohne Mühe könnte man so auf 12 oder gar noch mehr Gebote kommen⁴, wofür es natürlich auch wieder einsichtige Gegenargumente gibt, was die allgemeine Verwirrung noch steigert.

Wie man es auch immer wenden mag: daß im 10. Gebot in seiner jetzigen Form manche Ungereimtheiten, ja Widersprüche stecken, ist offensichtlich. Dabei sehe ich von der sachlichen Zuordnung des »Weibes« zu sonstigen Gebrauchsgütern wie »Haus und Acker, Sklavin und Sklave, Rind und Esel« noch einmal ganz ab.

Von den vielen, sich zum Teil widersprechenden »Entwirrungsversuchen« der Exegeten überzeugt mich am meisten der meines Wissens erstmals von Elias Auerbach⁵ und später unter anderem von Johannes Lehmann⁶ übernommene und weiterentwickelte Versuch, das 10. Gebot aus der Nomadentradition der Israeliten in der Wüste zu verstehen. Ich referiere abgekürzt die Ergebnisse der genannten Untersuchungen:

Ursprünglich habe das Gebot gelautet: »Du sollst nicht begehren ein Haus.« Damit sei in der nomadischen Tradition ganz bewußt das Seßhaftwerden und das Wohnen in festen Steinhäusern abgelehnt. Die positive Aussage des Gebotes laute daher: »Vielmehr sollst du wie deine Väter in Zelten wohnen und von Weideplatz zu Weideplatz ziehen. Ich, dein Gott, der dich aus der Knechtschaft in Ägypten geführt hat, ziehe mit dir.« Denn »der Beduine sieht im seßhaften Leben des Bauern einen moralischen und sozialen Niedergang gegenüber dem freien Leben in der Wüste«.⁷ Kein Haus bauen, das heißt damit auch: Behalte und bewahre deine innere und äußere Freiheit!

Für Auerbach versucht damit das letzte der Gebote dem Volk noch einmal die nomadische Lebensweise einzuschärfen, in die hinein die Gebote insgesamt gesprochen wurden. Nach Auerbach ist damit auch »der klarste Beweis für die Herkunft der zehn Gebote aus der

Zeit des Mose (gegeben). Denn zu einer späteren Zeit wäre ein solches Gebot unvorstellbar, da es das seßhafte Leben verurteilte und verbot.«[8] Daß Mose – dem die Gebote auch historisch zugeschrieben werden – als Nomade das Volk bis zum Jordan führte, jedoch nicht ins »gelobte Land« mit einzog, sondern vorher starb und daher nicht der »Sünde« des Seßhaftwerdens und des Gelüstens nach festen Steinhäusern anheimfiel, ist ein zusätzlicher Beleg für diese Auslegung.

»Zelt« und »Haus« symbolisieren also entgegengesetzte Lebensweisen, wobei mit der späteren Landnahme der Israeliten das »flexible Zelt« dem »festen Steinhaus« weichen mußte. Aus dem Nomaden wurde der Haus- und Städtebauer. Doch selbst in dem sich etablierenden Israel im Lande Kanaan gab es noch lange Zeit die alte, fast schon vergessene Wüstentradition, die von Außenseitern wie den Rechabiten wachgehalten wurden, wenn es von ihnen heißt: »Jonadab, der Sohn Rechabs, unser Ahn hat uns geboten: ›Ihr sollt niemals Wein trinken, weder ihr noch eure Söhne! Ihr sollt auch kein Haus bauen, keine Saat aussäen und keinen Weinberg bepflanzen noch besitzen; sondern in Zelten sollt ihr wohnen euer Lebtag, damit ihr lange lebet in dem Lande, wo ihr als Fremdlinge weilt.‹« (Jer 35,6f.)

Natürlich konnte das 10. Gebot später, als die Israeliten im Lande seßhaft geworden waren, Häuser bauten, Städte errichteten, nicht mehr verstanden werden. Es verlor seinen Sinn, bzw. wurde, wenn man es weiter ernst nehmen wollte, zum ständigen Stein des Anstoßes. Von daher legt es sich nahe, daß nun aus dem »Haus« das »Haus des Nächsten« wurde und, damit das »Haus« nicht so auffällig für sich alleine dasteht – es spricht nichts dafür, daß man nur das Haus des Nächsten nicht begehren soll –, auch andere »Gebrauchsgüter«, die dem »Begehren« besonders schnell anheimfallen, aufzuzählen. Das allergefährlichste »Begehrungsobjekt« ist sicher das »Weib« des Nächsten. Von daher würde sich die zunächst unlogisch erscheinende Reihenfolge der »Begehrungsobjekte« in 2. Mose 20 erklären. Zunächst das »Haus« – das war vorgegeben –, dann als erstes das »Weib«, sodann alles übrige. In 5. Mose 5 wird diese Reihenfolge schon nicht mehr verstanden, und es wird – mit einer inneren Sachlogik, jedoch nicht in der Logik der Entstehung des Gesagten – das »Weib« vorangestellt und dann in einer Einheit Haus und Acker (!) und alles übrige nachgeordnet.

Bedenk ich's recht, so ist diesem Erklärungsversuch des 10. Gebotes eine innere Schlüssigkeit nicht abzusprechen, ja sie zwingt sich aus mehreren Gründen geradezu auf.

1. Der ›Sitz im Leben‹ der zehn Gebote in der nomadischen Wüstentradition wird bestätigt, wobei das 10. Gebot als letztes Gebot in besonderer Weise noch einmal das nomadische Wüstenideal dem Volke einschärft.
2. Das 10. Gebot wäre auch keine Dublette mehr, es könnte nicht durch das 6. und 7. Gebot als bereits erfaßt angesehen werden.
3. Auch in der kurzen und prägnanten Sprache würde sich das Gebot »Du sollst nicht begehren ein Haus« den anderen Gemeinschaftsgeboten angleichen, ja es wäre das Gebot, das in besonderer Weise den Erhalt der nomadischen Gemeinschaft vor Augen hätte.
4. Durch die andersartige sozio-kulturelle Situation nach der Landnahme des Volkes Israel könnten die umständlichen »Erweiterungen« des Gebotes erklärt werden bis hinein in die »unlogische« Reihenfolge (Stellung des »Weibes«).
5. Es fiele schließlich noch ein Licht auf die enge Verbindung des nomadischen Wüsten-Propheten und Gesetzeslehrers Moses mit den zehn Geboten und seinen geheimnisvollen Tod vor dem Seßhaftwerden im »gelobten Land«.

Also: »Du sollst nicht gelüsten nach einem Haus«?

II

Wenn es also so sein mag – und warum nicht? –, was kann dann ein bewußt auf die nomadische Situation in einer kargen und zudem noch räumlich begrenzten Wüstengegend bezogenes, über 3000 Jahre altes Gebot in dieser Beschränktheit für uns heute bedeuten? Geht nicht die ganze Auslegung der zehn Gebote davon aus, daß sie »überzeitlich« und »über-situativ« und daher in ihrer »Allgemeingültigkeit« eben für alle Zeiten gleich gültig sind? Und nun ist – wenn diese hier in knapper Zusammenfassung vorgetragene Analyse stimmt – gerade die historische Bedingtheit und Begrenztheit zum mindesten dieses letzten Gebotes erwiesen. Wo liegt dann die »Moral« für uns?

Mir stellt sich hier die Frage, ob nicht gerade in der bewußten historischen Bedingtheit sich in, mit und unter dieser historischen Bedingtheit eine Wahrheit verbirgt, die, gerade weil sie historisch geortet, ja geerdet werden kann, an Konkretion und Verbindlichkeit bis in die heutige Zeit hinein nichts verloren hat. Die sogenannten über-zeitlichen und damit zu allen Zeiten gleich gültigen Gebote und Wahrheiten werden auch recht schnell gleichgültig und bleiben in ihrer konkretionslosen Allgemeingültigkeit unscharf und unverbindlich. Das sehr scharf und präzise, darin gerade anstößige Gebot: »Kein Haus begehren« hat eine aus einer konkreten Situation erwachsene Dringlichkeit, die ihre Verbindlichkeit bis heute nicht verloren hat. Die historische Einbettung ist dabei vergleichbar einem Gefäß, das einen Schatz birgt, der je neu gehoben werden will.

Hier ist unter methodischen und hermeneutischen Gesichtspunkten an Eugen Drewermann zu erinnern, dessen Programm einer tiefenpsychologischen Auslegung der Bibel darauf beruht, daß Mythen, Märchen, Legenden und Sagen der Menschheit auf Ur-Träumen sowohl einzelner Menschen wie ganzer Menschheitsgruppen (Horden, Sippen, Stämme) beruhen, die in historischer Ungleichzeitigkeit in besonders verdichteten Zeiten und Räumen ans Tageslicht der Welt- und Menschheitsgeschichte treten[9]. Archetypische – Zeit und Raum transzendierende – Ur-Träume werden historisch einmalig, binden sich an Zeit und Raum und können als solche auch – die vordergründige Logik von Ursache und Wirkung souverän ignorierend – unabhängig voneinander zugleich oder auch zeitversetzt an verschiedenen Orten, »an denen man voneinander gar nichts wissen kann«, angetroffen werden[10]. In der historischen Einmaligkeit und Begrenztheit alter Menschheitserfahrungen verbirgt sich – wenn es denn nach außen projizierte verdichtete innere Schlüsselerlebnisse von Menschen sind – oft eine die konkrete Situation transzendierende und in eine andere konkrete Situation zu transponierende »Wahrheit«, ja »Weisheit«, die verbindlicher und aktueller ist als manche der vorschnell »zeitlos« und »allgemeingültig« genannten Allerweltswahrheiten. Ur-Träume der Menschheit sind daher immer auch konkret, nie nur allgemein, und sie verlangen in ihrer Konkretheit nach je neuer historischer Realisierung in Zeit und Raum.

Eine solche Realisierung archetypischer Ur-Träume der Menschheit von der Beziehung zwischen Gott und Mensch ist in den zehn Geboten gegeben. Je stärker wir die Gebote in ihrer historischen Konkretion und Bedingtheit orten können, um so näher sind wir – nach diesem methodischen und hermeneutischen Schlüssel – einem Verständnis der Gebote, das die Bedeutung und Verbindlichkeit gerade auch für uns heute erfaßt. Denn bei aller vordergründigen historischen Differenz – darüber muß nichts gesagt werden – sind wir im Tiefsten unseres Wesens mit unseren mosaischen Vorfahren untrennbar verbunden. Je konkreter der zugleich historische wie universelle Mose damals geredet hat, um so konkreter wird auch zu uns geredet. Und das Gebot »Du sollst nicht gelüsten nach einem Haus« ist sehr konkret, damals wie heute.

III

Ich nehme es also als Gebot und Angebot für heute und lege es aus. In der Auerbachschen Analyse heißt es: »Der Beduine sieht im seßhaften Leben des Bauern einen moralischen und sozialen Niedergang gegenüber dem freien Leben in der Wüste.« Positiv gewendet könnte das Gebot also lauten: »Bewahre deine königliche Freiheit, die du im Nomadenleben in der Wüste verwirklichst. Du hast keinen Herrn über dir als den Herrn, deinen Gott. Du zeltest heute hier und morgen da, und du bist stets bereit, deine Zelte abzubrechen und an einen anderen Ort zu ziehen. So bleibst du innerlich und äußerlich beweglich, legst dich nicht fest, bindest dich an keinen Ort, an keinen Besitz, den du vor anderen verteidigen mußt, du bleibst frei, frei von allen Zwängen, du bleibst innerlich jung und offen dafür, jeden Tag neue, unvermutete, ungewohnte Erfahrungen zu machen. Denn jeder Tag – du weißt es – hat seine je eigene Sorge und du vertraust darauf, daß ich, dein Gott, für dich sorge. So bewahrst du dir deine innere Freiheit. Also baue bitte, das rat ich dir, keine steinernen Häuser, keine goldenen Paläste, die dir die anderen neiden und die dich selbst so sehr binden, daß du dich gar nicht mehr vom Fleck zu rühren traust, so daß du selbst innerlich versteinerst und erstarrst.«

Und – so betrachtet – spricht dieses letzte Gebot Gottes im Munde seines Nomaden-Propheten Moses sehr direkt in unsere Gegenwart hinein. Ein guter Freund sagte mir einmal: »Wer so weit gekommen ist, mit oder ohne Bausparverträge sich endlich sein festes Haus zu bauen, der ist auch nicht mehr weit davon, daß er sich selbst verfestigt und erstarrt in seinen Ansichten.« Solch gar zu schnelle Konsequenzmacherei habe ich natürlich entrüstet von mir gewiesen und mich rasch nach flexibel gebliebenen Häuserbauern in meinem Bekanntenkreis umgesehen. Da gibt es ja auch einige. Es gibt allerdings auch viele andere!

Bedenke ich also alles noch einmal, so ist die »Lust nach einem festen Haus« schon der »Lust nach dem Festsetzen« vergleichbar. Mit allen Konsequenzen. Ich wohne an einem sicheren Ort, habe eine Heimat, vielleicht gar Geborgenheit. Aber ich habe mich auch festgesetzt und muß meinen Besitz vor anderen, die ihn mir neiden oder gar wegnehmen wollen, sichern, absichern. Festes Haus, feste Stadt, festes Land, feste Überzeugungen, feste Ideologie, verfestigt, versteinert, erstarrt, keine Bewegung mehr. Graduelle Übergänge sind das nur. Und viele Kriege sind um »feste Häuser« und »feste Überzeugungen« geführt worden, werden immer noch geführt. Wo ist da Freiheit? Freiheit, loszulassen, Freiheit, alles stehen und liegen zu lassen, Freiheit zum Aufbruch nach Neuem? Wo löst sich hier alles Erstarrte? Ein Zelt kann man unter den Arm nehmen und schnell woanders wieder aufstellen, auf Zeit. Ein steinernes Haus jedoch? Eine versteinerte Überzeugung jedoch?

»Du sollst nicht gelüsten nach einem Haus.« Du sollst nicht danach gelüsten, dich hier auf der Erde – vergänglich wie diese Erde ist, vergänglich wie du selbst bist – allzustark zu binden, festzulegen, festzusetzen: Das entspricht nicht deiner Bestimmung vor Gott. Denn vor Gott sind wir, solange wir leben, auf der Wanderschaft, hin und her wandernd wie Mose und die Seinen in der Wüste, prinzipiell unfertig, so wie es der hin und wieder vom Geist Gottes ergriffene Paulus später sagt: »Nicht, daß ich's ergriffen hätte, ich jage ihm aber nach.« (Phil 3,12) Kein festes Haus da! Ein Zelt, das immer wieder abgebrochen und anderswo aufgerichtet wird. »Das Wort Gottes zeltete unter uns« (Joh 1,14), sagt eine moderne Übersetzung.

Als Jesus zum Beispiel – um einen großen Bogen zu schlagen – mit Petrus und Johannes und Jakobus auf den Berg der Verklärung stieg (Mt 17,1–9), da wollten die Jünger vor lauter Begeisterung feste Hütten bauen, doch Jesus bringt rasch Klarheit in ihre verklärten Augen, als er sie heißt, herunter zu steigen vom Berg der Verklärung und weiter zu wandern ins Tal der Menschen, ins Tal der rasch folgenden Leiden. Kein festes Haus da!

Wir sind auf dem Wege ins gelobte Land, auf dem Wege, irgendwo in der Wüste. Ab und zu benötigen wir eine Oase, um uns auszuruhen von der anstrengenden Wanderschaft, wir schicken auch Kundschafter aus, um das gelobte Land, das Ziel unserer Wanderschaft, anzuvisieren, um zu ahnen, wie es einst sein wird, wenn wir feste Häuser bauen dürfen. Einst! Vorerst aber sind wir noch unterwegs, laben uns an der Wasserquelle und an den Früchten einer Oase, doch dann ziehen wir weiter, weiter auf dem Wege in ein Land, das noch vor uns liegt, »jenseits des Jordan«. Wir sind durch Gottes Beistand davor gefeit, in der Wüste bereits die Fata Morgana eines festen Hauses zu schauen, uns abergläubig einzubilden, wir seien schon am Ziel und könnten uns häuslich niederlassen. Nein, wir ziehen weiter, und das gelobte Land steht noch dahin, steht alles noch dahin. »Du sollst nicht gelüsten nach einem Haus!«

IV

Mose zog mit den Seinen durch die Wüste
Und die Seinen murrten gegen Mose
Sie sehnten sich zurück nach festen Häusern in Ägypten
Nach Fleischtöpfen und Fronarbeit
Nach Knechtschaft und Unfreiheit
Die Sehnsucht nach vorn war ihnen gar zu weit
Lieber eingemauert im Haus der Sklaverei – ohne Gott
Als frei wie ein Vogel im Wind – mit Gott
Und Mose gab ihnen die Gebote des Herrn
»Ich bin der Herr dein Gott, der dich aus dem Land Ägypten ge-
führt hat
aus dem Sklaven-Haus –
Du sollst nicht gelüsten nach irgendeinem Haus«
Doch die Seinen verstanden es nicht –
Weder das eine noch das andere
Feste Häuser, Goldene Kälber, tagtägliches Manna-Einerlei
Danach stand ihnen der Sinn!
Und Mose ward im Herzen traurig darüber
Bitter ward es ihm
Am Bitterwasser[11] starb er schon längst, ehe er am Berg Nebo starb
Und er weigerte sich, einzuziehen ins gelobte Land
Denn er sagte: »Das ist Gottes Land, Land Gottes allein
Heiliges Land ist's,
Und ich bin zu gering, es zu betreten
Wenn ich's betrete, darauf ruht kein Heil
Hader und Krieg bringt es hervor
Hader und Krieg solange ihr lebt auf Erden
Kein Frieden
Es ist genug, daß ich's gesehen habe
Mehr als es zu sehen ist mir als Mensch nicht vergönnt«
Und Mose war glücklich, ja selig war er
Das gelobte Land zu sehen am Berg Nebo
Und er starb in Gottes Namen
Im Angesichte des gelobten Landes

Ohne es betreten zu haben
Das gelobte Land vor Augen – fest im Blick –
Doch nicht im Besitz
So starb Mose, glücklich, ja selig
Zwar alt an Jahren, alt und lebenssatt, aber jung im Glauben
Mit 120 Jahren immer noch auf dem Wege
Bewegt und beweglich,
Denn:
»Seine Augen waren nicht trübe geworden,
Und seine Frische war nicht gewichen« (5 Mose 34,7)
So starb Mose, jung und lebenssatt,
Voll Liebe zu den Seinen
Auf daß sie nicht zu Stein erstarren
Auf daß seine Worte des Lebens nicht zum toten Gesetz erstarren
So starb Mose, glücklich, ja selig
Und sein Zelt hat niemand gesehen
Und sein Grab hat niemand gefunden
Vom Winde verweht – vom Sand überdeckt
Und Mose, der junge Prophet Gottes,
Ist begraben irgendwo in der Mitte unserer Erde
Und sein Gebot
Am Berg Sinai von Gott im Donner zugeflüstert
Hallt weiter bis heute:
»Ich bin der Herr, dein Gott,
Ich habe dich aus dem Sklavenhaus Ägypten
Dem Land der Unfreiheit
Herausgeführt
Frei bist du nun von aller Knechtschaft
Frei bist du, mir entgegenzuwandern
Frei bist du, jung zu bleiben in deinem Glauben, solange du lebst
Nie zu erstarren und zu versteinern
Daher:
Du sollst nicht gelüsten nach einem steinernen Haus
In dem du dich festsetzt auf ewig
Denn:
Ich bin der Herr, dein Gott,
Deine feste Burg,
Das Haus deines Glaubens«

Anmerkungen

1 Vgl. die Synopse in H. Albertz (Hg), Die Zehn Gebote 1, Stuttgart 1985, S. 14f.
2 Der Besitzstand des Nächsten ist durch das Gebot »Du sollst nicht stehlen« geschützt, die Frau durch das Gebot »Du sollst nicht ehebrechen«.
3 Vgl. z. B. J. Petuchowski, Die Stimme vom Sinai. Ein rabbinisches Lesebuch zu den Zehn Geboten, Freiburg–Basel–Wien 1981, S. 23 f., 31.
4 Sowohl das erste wie das zweite wie das zehnte Gebot können auf zwei Gebote aufgeteilt werden. Vgl. dazu auch J. Lehmann, Moses – Der Mann aus Ägypten, Hamburg 1983, S. 195 f.
5 E. Auerbach, Moses, Amsterdam 1953
6 J. Lehmann, Moses – Der Mann aus Ägypten, Hamburg 1983
7 E. Auerbach, a.a.O., S. 202
8 E. Auerbach, a.a.O., S. 203
9 Vgl. zum Ganzen E. Drewermann, Tiefenpsychologie und Exegese, Bd. I, Olten/Freiburg 1983³, bes. S. 101 ff., 132 ff.
10 So weist E. Drewermann nach, daß bestimmte archetypische Bilder und Träume unabhängig von gegenseitiger Beeinflussung zugleich in Afrika, bei Indianern in Nordamerika und bei Eskimos angetroffen werden. Vgl. E. Drewermann, a.a.O., S. 116 ff., 250 ff.
11 Vgl. 4. Mose 20,12; 27,14; 5. Mose 32,51

Warum sollten wir nicht glauben, Adam und Eva hätten vor dem Sündenfall derart über ihre Geschlechtsorgane zur Erzeugung von Kindern verfügen können wie über alle anderen Glieder, die die Seele doch bei jedem beliebigen Wink in Bewegung setzt ohne jede Belästigung und gleichsam Geilheit des Vergnügens?

Augustinus

So ist es dem Christentum gelungen, aus Eros und Aphrodite – großen idealfähigen Mächten – höllische Kobolde und Truggeister zu schaffen, durch die Martern, welche es in dem Gewissen der Gläubigen bei allen geschlechtlichen Erregungen entstehen ließ.

Friedrich Nietzsche

Jo Krummacher
Steine, Schwamm und Sand

Eine Szene (nach Johannes 8)

ein stein
   dieser mann
   der nie
   bei ihr lag
   und nun
ein stein
   von dem mann
   der kam
   bei ihr lag
   das war
ein stein
   rubinrot
   wie die glut
   einer nacht
   doch jetzt
ein stein
   das geäug
   der verächter
   im tor
   sie sei
ein stein
   aus anstoß
   lüstern
   eine pest
   hinweg

ein stein
   sei ihr tod
   das geschwür
   ausgemerzt
   erst
ein schwamm
   dieser mann
   der nie
   bei ihr lag
   dann
ein schwamm
   das gegeil
   nach delikater
   einzelheit
   nun
ein schwamm
   voller gier
   nach blut
   und opfergang
   doch
im sand
   eine spur:
   DEN ERSTEN STEIN
   WERFE
   EIN SCHWAMM

Es gibt zweierlei Arten von Geiz. Eine ist die archaische, die Leidenschaft, die sich und anderen nichts gönnt, deren physiognomischen Zug Molière verewigt, Freud als analen Charakter erklärt hat. Sie vollendet sich im miser, dem Bettler, der insgeheim über Millionen verfügt, gleichsam der puritanischen Maske des unerkannten Kalifen aus dem Märchen. Er ist dem Sammler, dem Manischen, schließlich dem großen Liebenden verwandt wie Gobseck der Esther. Man trifft ihn gerade noch als Kuriosität in den Lokalspalten der Tagesblätter. Zeitgemäß ist der Geizige, dem nichts für sich und alles für die andern zu teuer ist. Er denkt in Äquivalenten, und sein ganzes Privatleben steht unter dem Gesetz, weniger zu geben, als man zurückbekommt, aber doch stets genug, daß man etwas zurückbekomme.

Theodor W. Adorno

Der Mensch ist wie ein zerbrochenes Gefäß, das sich nie füllen läßt.

Platon

»Rebbe, ich verstehe das nicht: Kommt man zu einem Armen, der ist freundlich und hilft, wo er kann. Kommt man aber zu einem Reichen, der sieht einen nicht mal. Was ist das bloß mit dem Geld?«

Da sagt der Rabbi: »Tritt ans Fenster! Was siehst du?«

»Ich sehe eine Frau mit einem Kind. Und einen Wagen, der zum Markt fährt.«

»Gut. Und jetzt tritt vor den Spiegel. Was siehst du?«

»Nu, Rebbe, was werd ich sehen? Mich selber.«

»Nun siehst du: Das Fenster ist aus Glas gemacht, und der Spiegel ist aus Glas gemacht. Man braucht nur ein bißchen Silber dahinterzulegen, schon sieht man nur noch sich selbst.«

Jüdische Anekdote

Hans-Peter Hellmanzik
Neid

Eine delikate Aufgabe, Neid als zum Menschsein gehörender Komplex im Zusammenhang mit einem biblischen Gebot zu bedenken, das augenscheinlich als das Lustfeindlichste aller Gebote daherkommt: Laß dich nicht gelüsten – Begehren wirst du nicht! Na endlich, möchten Kritiker wohl aufatmen: Die Bibel selber liefert den Beleg dafür, eine Feindin der Lust, der Lustigkeit, der Gelüste zu sein. Pedantisch denn auch die Auflistung alles dessen, wogegen einer sich in seiner Lustbegehr zu wappnen habe, welches Verlangen zu unterdrücken, welche Begehrlichkeit abzutöten, zu unterbinden sei: Haus, Frau, Sklavin, Rind, Esel, Mobilien aller Art; nichts wurde vergessen, was man dem Nachbarn lustvoll ausspannen könnte.

Ach ja, die alte Bibel als runzelige Spaßverderberin, als Lustmörderin. Wir Heutige hingegen haben es in einem langwierigen und schmerzlichen Prozeß steter Emanzipation endlich soweit gebracht, uns unserer Gelüste keineswegs mehr zu schämen. Und so blicken wir durchaus wohlgefällig und ›lüstern‹ auf Objekte unserer Begehrlichkeit. Wen eigentlich kratzt noch jenes antiquierte moralinsaure »Laß dich nicht gelüsten«? Schützenhilfe erhalten wir durch eine marktüberschwemmende Literaturproduktion, die pausenlos predigt, daß wir nur ja nicht unsere legitimen – und eben auch lustvollen – Interessen hintanstellen sollen. Bedürfnisbefriedigung, Lustmaximierung hier und jetzt, sind zum common sense avanciert. Wer achtet denn noch auf das Credo professioneller Miesmacher, die in der Pose moralischer Überlegenheit sich gerieren, gar, wenn sie sich von ihren hohen Rössern aus der morschen Lanze ›Neid‹ bedienen, während sie ihre Verlogenheit ritterlich vermummen.

»Die sind doch bloß neidisch auf uns«, möchte man, sich genüßlich ob seiner frischerworbenen Lebenslust räkelnd, jene qualifizieren, die als Lebens- und Lustverderber in feuchtkalten dickgemauerten Hallen ihrem todtraurigen Gewerbe mittels jenes hocherhobenen, schon leicht angedorrten Zeigefingers nachgehen: »Laß dich nicht gelüsten!«

Eine zugegebenermaßen recht elegante Möglichkeit, sich des gestellten Themas zu entledigen.

Sublimer noch kommt die andere daher. Sie setzt bei jener oft zitierten Allerweltsfloskel ein, wonach Geld die Wurzel allen Übels sei, man mit Geld kein Glück kaufen könne und überhaupt Geld den Charakter verderbe und so weiter. Gebildet wie man nun mal ist, bedient man sich gerne auf dem Markt bunter Illustrierter. Oder man hält es mit der Wissenschaftlichkeit und liest sich durch einschlägige Publikationen hindurch, die sich mit dem Phänomen Reichtum und seinen Folgen für die Betroffenen befassen. Freude kommt auf, wenn man mittels jüngster Studien belegen kann, daß Geld tatsächlich keinerlei Übel zu heilen vermag. Vom Fluch des Reichtums ist ebenso zu lesen wie vom Gefangensein im goldenen Getto. Ein neuer Begriff macht die Runde: in Anlehnung an Influenza als Ausdruck des grippalen Infekts wird nunmehr Affluenza als typisches Krankheitssymptom derer diagnostiziert, die vom Reichtum beeinflußt und bedrängt werden. Affluenza als Bedrohung, am eigenen Überfluß zu ersticken. Die akute Form dieser Krankheit bedroht den frischgebackenen Lottomillionär ebenso wie den jüngst zum »Doktor« avancierten Karrieristen. Die chronische Form dieser Misere ist in jenen Familien und Sippenverbänden anzutreffen, deren Reichtum durch Generationen hindurch tradiert worden ist. »Die Kinder jener Gruppe«, so der New Yorker Psychoanalytiker Maidenbaum, »wachsen in einer beschirmten Umgebung auf, einer Art goldenem Getto ohne deren Wände.« Zahlreiche Sprößlinge dieser Millionärsfamilien schafften es nicht, emotional und intellektuell zu reifen, weil es ihnen an Realitätssinn mangele und weil sie »keinen Preis zu zahlen« hätten für ihre angestrebten Ziele, wenn sie denn welche anstrebten. Sie führen gewissermaßen ein synthetisches Videoleben. Ihr Leiden wird beschrieben als Selbstaufzehrung, die mit einem Gefühl der Überflüssigkeit einhergeht, weil es keine Herausforderungen gibt, die zu bestehen wären. Bei nicht wenigen gesellt sich dann noch das Schuldgefühl hinzu, »mit Geld geboren zu sein«, wie eine Urenkelin John D. Rockefellers zu Protokoll gibt. Opfer jener Affluenza suchen überdies ihren Reichtum zu verheimlichen, um sich keinen Neid zuzuziehen oder gar als wandelnde Geldscheine angesehen zu werden. Hinzu kommt die Furcht, nur um des Geldes wegen geliebt oder geheiratet zu werden.

Beinahe allen Opfern dieser Krankheit ist die Furcht vor dem Glücksverlust gemeinsam. Verständlich, denn ihre Identität beziehen sie ausschließlich aus ihrem Reichtum. Mithin vermeiden sie, dieses Problem zu thematisieren. Ergebnis: Schwerste Formen von Paranoia. Dennoch scheint noch keine Therapie gefunden zu sein in einem Land, in dem Therapien ebenso rasch aus dem Boden schießen wie Krankheiten. »Viele Reiche sind der Meinung«, notiert Mark Goulston, renommierter Psychiater in Los Angeles, »daß sie kein Recht auf Probleme hätten. Sie schämen sich ihrer Jammerei. Es gibt da ein unglaubliches Gefühl der Verlassenheit in den Top-Etagen unserer Gesellschaft.«

Wer wollte nach solch vernichtender Diagnose noch neidisch zu denen hinüber- oder gar hinaufblicken, denen das Verdikt ›radix malorum est cupiditas‹ auf die Stirn gezeichnet ist! Das hieße dann, wir könnten das Thema befriedigt zu den Akten legen. Allenfalls wären wir bereit, es durch den Hinweis abzumildern, daß nicht das Geld ›an sich‹ die Wurzel allen Übels sei, sondern der falsche Gebrauch desselben. Aber welchen Neuigkeitswert hätte denn diese Feststellung? Daß man mit Geld weder Zukunft kaufen noch die Zeit zum Stillstand bringen kann, das ist doch alles längst ›gegessen‹. Dem Neidkomplex selbst sind wir vermutlich nicht einen Schritt nähergekommen.

Also versuchen wir uns in einer letzten Näherung mittels des Instruments aufrichtiger Selbstbeobachtung. Daß die Tendenz neidisch zu sein nicht gerade auf einen voll ausgereiften, erwachsen gewordenen Menschen schließen läßt, setze ich einmal als unwidersprochen voraus. Die Psychologen sprechen denn auch von Neid als einem »oralen« Charaktermerkmal. Der Ende vergangenen Jahrhunderts in Bremen geborene Schüler und Freund Sigmund Freuds, Gründer des Berliner Psychoanalytischen Instituts, Karl Abraham, meint, einen »Oralcharakter« immer dort zu erkennen, wo jemand infantile Formen sexueller Befriedigung wie Lust am Saugen, Lutschen, Kauen usw. ins Erwachsenenalter hinein fortsetzt. Für Abraham gilt als erwiesen, daß Neid zurückzuführen sei auf eine Enttäuschung des Kindes während seines Saugstadiums. Mißgünstige bis feindselige Züge eines erwachsenen Menschen, erkennbarer Neid, finde hier seine Erklärung.

Abraham kennt aber auch den »oral befriedigten Typus«. Ihm sei ein hohes Maß an Optimismus eigen, das durch (bittere) Realitätserfahrung keineswegs gemindert werde. Großzügig, gesellig und für neue Ideen aufgeschlossen seien diese zufriedenen Menschen.

Hingegen sei der »oral frustrierte« Typus von einer geradezu generell pessimistischen Lebenseinstellung besetzt. Mit seinen depressiven Stimmungen, seiner Abgesondertheit, seiner passiv-abwartenden Haltung stecke er seine Umgebung an. Unablässig sei er darauf bedacht, sich gegen alle Eventualitäten derart abzusichern, daß er vor lauter Furcht, zu scheitern oder enttäuscht zu werden, nichts wagt, nichts unternimmt. Gleichzeitig aber lodert in ihm ein Ehrgeiz, der ihn zu zerfressen droht. Dieser Typus fühlt sich vom Leben selber betrogen, darum ist er gegenüber jedem Menschen als möglichem Konkurrenten mißtrauisch bis feindselig neidisch.

Die Ursache dieser Persönlichkeitsverformung, deren Merkmale typische Eifersuchts-, Verlust- und Verlassenheitsängste mit starken feindselig-aggressiven Akzenten sind, ist die Versagung (etwa der Mutterbrust oder sorgsamer Pflege und hingebungsvoller Zärtlichkeit). Die Folge dieser frühkindlichen Versagung und Verweigerung, so Melanie Klein, ist der insbesondere in hochindustrialisierten Gesellschaften anzutreffende Todestrieb. Hier hätten wir also die Schlüsselerklärung, wonach Haß und Zerstörungslust als Auswucherungen des Neidkomplexes anzusehen und auch als solche zu »behandeln« sind. Vorwürfe gegenüber einem vom Neidkomplex zerfressenen Menschen sind demnach weder ratsam noch heilsam.

Weitere Studien über die Ursachen des Neidkomplexes als defizitäres Personenmerkmal hat Hanna Segal getrieben. Ihre 1964 veröffentlichten klinischen Beobachtungen lassen sich wie folgt zusammenfassen:

Sobald der Säugling sich der Brust als der Quelle des Lebens und guter Erfahrungen bewußt ist, entsteht Neid. Die reale Befriedigung, die er an der Brust erlebt, verstärkt durch die in früher Kindheit so mächtige Idealisierung, gibt ihm das Gefühl, daß die Brust die Quelle allen Behagens körperlicher wie seelischer Art sei, ein unerschöpfliches Reservoir an Nahrung, Wärme, Liebe, Verständnis und Wissen. Die genußvolle Erfahrung der Befriedigung, die dieses Objekt dem Kind bereiten kann, vermehrt seine Liebe und steigert das Verlangen, die Brust zu besitzen, zu verwahren und zu beschützen. Aber dieselbe Erfahrung weckt in ihm den Wunsch, selbst die Quelle solcher Vollkommenheit zu sein. Es empfindet schmerzliche Neidgefühle und in ihrem Gefolge den Wunsch, Objekteigenschaften, die ihm so schmerzliche Gefühle bereiten können, zu verderben.

Ob nun, wie Hanna Segal meint, dieser Destruktionstrieb bereits »angeboren« sei, ist nach neueren Studien sehr zu bezweifeln. Daß aber diese Impulse auf frühkindlichen Erwerb zurückzuführen sind, ist in Fachkreisen unumstritten. Interessant für unser Thema ist die Beobachtung, daß der Neidkomplex etwas mit dem Wunsch zu tun hat, so gut zu sein wie ein anderer naher Mensch. Interessant und auf den zweiten Blick erschreckend die weitere Beobachtung, daß eben dieser selbe andere Mensch sodann zum Gegner »gemacht« wird, der zu zerstören sei, wenn das Ziel – so gut zu sein wie er – nicht erreicht werden kann. Verständlich, denn der Wunsch, den anderen – geliebten! – Menschen zu vernichten, wäre ja mit dem Erfolg verbunden, die Ursache des eigenen Neidgefühls aus der Welt geschafft zu haben.

Ich denke, wir sind hier tatsächlich am Schlüsselloch angelangt, durch welches wir in die »Kammer des Neides« blicken können. Dennoch wären unsere Überlegungen nicht abgerundet, würden wir darauf verzichten, innerhalb des Neidkomplexes das Phänomen der Gier wenigstens kurz zu würdigen.

Neid, so haben wir gelernt, geht einher mit zielgerichteter Zerstörungsabsicht. Die Gier hingegen will nicht zerstören, sondern ›lediglich‹ das Opfer zerfleddern, bis es erschöpft ist. Gier ist also darauf bedacht, das meistmögliche für sich selbst herauszuholen nach dem Motto: Ich will gar nicht mehr haben als der andere. Aber der andere soll auch nicht mehr haben als ich.

Neid hingegen ist objektbezogen zerstörerisch: Kann ich nicht so sein wie das bewunderte und geliebte Gegenüber, dann muß ich es eben zerstören. So vermeide ich die Erkenntnis, daß ich nicht bin, wie der geliebte andere und daß ich andererseits trotzdem von ihm abhänge.

Gier möchte haben, was sie nicht hat; Neid möchte sein, was er nicht ist.

Eifersucht, das Gefühl des Ausgeschlossenseins und eben Neid und Gier bilden eine regelrechte Kausalkette, die es dem Betroffenen unmöglich macht, die unterschiedlichen Persönlichkeitsanteile zu integrieren und zu entfalten. Die Innenwelt des Neidischen bleibt voller Haß und ist völlig zusammenhanglos: ein desolates Chaos. So ist nicht weiter verwunderlich, daß bei paranoiden und neurotischen Menschen häufig beobachtet werden kann, wie ein Beziehungsmuster zu engen – sehr oft bewunderten – Freunden auseinanderreißt, weil diese ›plötzlich‹ als schlimme Feinde gelten.

Klinische Befunde an zahlreichen Patienten bestätigen geradezu in verblüffender Klarheit unsere Darstellungen. Untersuchungen von Dr. Schwidder an fünfzig Ulkus (= Geschwür-)Patienten haben zutage gefördert: »Keiner meiner Patienten hat es in der Kindheit gelernt, seine Besitzwünsche adäquat durchzusetzen oder auf sie zu verzichten. Meist kam es zu einem oberflächlichen, durch Ideologien verbrämten Verzicht, während Sprengstücke habgieriger Wünsche zu einer ständigen Beunruhigung werden, zu einem Spannungszustand führen, der nicht gelöst werden kann, da die Herkunft der Sprengstücke nach lange eingeübter Verdrängung nicht mehr bewußt wird... Im mitmenschlichen Erleben zeigen sich: Ungeduld, latenter Neid auf Bessergestellte (orale Haltungen), hochgespannte Erwartungen hinsichtlich einer mütterlich-stärkenden Atmosphäre (passiv-orale Fehlerwartungen), eine Neigung, sich da zurückzuziehen, wo man nicht in irgendeiner Weise etwas profitieren kann, mit häufigen Enttäuschtheits- und Ärgerreaktionen.« (Schwidder, 1965)

Dieser unbewußte Neidärger ist besonders häufig bei verwandtschaftlich oder beruflich sehr nahestehenden Menschen vorhanden. Die aggressive Gehemmtheit ihnen gegenüber, denken wir nur an die oftmals geschauspielert-brüderlichen Umgangsweisen bei ›Kirchens‹!, führt wiederum zum Aufbrechen von Ulkus. Ursache und Hintergrund ist das Faktum, daß nahestehende Personen Ziele erreicht haben, die auch in den eigenen Möglichkeiten gelegen hätten, die aber infolge von Gehemmtheiten nicht erreicht werden konnten. Zumindest der Hinweis sei gestattet, daß es wohl wert wäre, neben dem Phänomen des sozialen Neides auch dem des religiösen Neides nachzugehen. Die Ergebnisse wären gewiß höchst aufschlußreich; ganze Kartenhäuser religiös motivierter Freundlichkeiten würden vermutlich zusammenfallen.

Noch erstaunlicher ist für mich allerdings die Tatsache, daß sich ausgerechnet bei einer nomadisierenden Gruppe von Versprengten, die man »hapiru« (= Hebräer) zu nennen pflegte, also bei den Outlaws der bronzezeitlichen Stadtkulturen Mesopotamiens, ein Normen- und Wertesystem kodifiziert wurde, das selbst die hochentwickelten Studien moderner Anthropologie nicht zu scheuen braucht! Ausgerechnet die von überallher zusammengewürfelten Tagelöhner, Söldner, Räuber und Wegelagerer, mithin die sozial Abgesunkenen, verpflichteten sich auf einen als »Gesetz Gottes« begriffenen Ehrenkodex, der gut genug war, für alle Zeiten aufbewahrt zu werden. Da entstand also vor gut dreitausend Jahren eine Gemeinschaftssatzung, die etwas darum weiß, daß zur Gewährleistung der Grundrechte auf Leben, Eigentum und Sozialehre nicht nur konkrete Handlungen tabu sind (Mord, Ehebruch, Diebstahl), sondern vertiefend auch die dem Handeln zugrunde liegenden Motivationen, Leidenschaften, Mißgunstgefühle.

»Laß dich nicht gelüsten – begehren wirst du nicht!«... Es gibt also eine Haltung, die den inneren Zusammenhang einer Gemeinschaft zerstören kann, auch wenn sie sich nicht in eigentliche Handlungen umsetzt. Ja, gerade ihre passive oder halbpassive Fortdauer wird zu einem fressenden Schaden am Leib der Gemeinschaft. Diese Haltung zerfrißt ihre Textur, ihre innere Gestalt und Ordnung.

Laß dich nicht gelüsten! Begehren wirst du nicht, was einem anderen Menschen zukommt, um nicht das Ansehen seiner Person und somit letztlich das Leben der Gemeinschaft zu zerstören. Begehren wirst du nicht, weil die Vorstufe zum Mißbrauch von Macht als Instrument jeglicher Unterdrückung immer der Neid ist. Neid gebiert den Mißbrauch von Besitzmacht, Herrschaftsmacht. Neid ist die ultimative Aufkündigung von Solidarität. Neid macht unfrei, indem er eine problematische Freiheit des Zugewinns (von Macht) suggeriert. Das Phänomen Neid ist im Hinblick auf das Gesamtwohl einer Überlebensgemeinschaft in höchstem Maße unvertretbar.

In altisraelitischen Zeiten mag die Überlebensgemeinschaft identisch gewesen sein mit dem Volkskörper selbst. Heute ist sie eindeutig zu definieren als das Leben selbst, das dieses kleine schimmelpilzüberwucherte Kügelchen am Rande des Universums hervorgebracht hat. Begehren wirst du nicht, so wahr du als Mensch begrenzt bist und aufgerufen, im Hinblick auf das Ganze des Lebens, die Grenze zu wahren. Ignorierst du aber diese Begrenztheit, dann zerstörst du nicht nur dein beneidetes Gegenüber (Natur, Rohstoffe, Tier- und Mitwelt), sondern letztlich dich selber. Der Neid frißt zuletzt dich auf!

Vergessen wir nicht, daß die Zehn Worte einer Befreiungsbewegung zu verdanken, daß es Worte sind, die die Emanzipation geboren hat. Angesichts akuter Gefährdung des Lebens selbst gewinnen diese Worte allerhöchste Bedeutung. Freisein und Heilsein gehören zusammen und bilden zusammen die Ermöglichung und Begrenzung des Humanum. Das Heilbleiben des Einzelnen ist die Grundvoraussetzung für das Heilsein einer Gemeinschaft, die heute als Überlebensgemeinschaft zu definieren ist. Ein Durchbrechen dieser Grenzen zerstört zuletzt alles. Neid, so haben wir gelernt, ist Folge eines beschädigten, verborgenen, verklemmten, verfahrenen, vermurksten, zerbrochenen, verschütteten Lebens. Zu heikel und zu wichtig, um allzu rasch zur Tagesordnung überzugehen.

Hühnerfutter

Hundefutter schreibt mir José aus der *villa miserias*
sei zu teuer für viele Leute in Peru
sie kaufen Hühnerfutter ihre Suppen zu dicken

Wie oft sollen wir diese Geschichten noch hören
wie oft solche Nachrichten wiederholen
an denen nichts sagen die Medienleute neu ist

Ist es genug siebenmal fragte ein Jünger Jesu
bitte verbreitet die Nachricht so lange sich nichts geändert hat
siebenmal siebzigmal sollen wir diese Geschichte erzählen

Es wird eine Zeit sein wo wir sie nicht mehr hören
es wird ein Land sein wo sie nicht mehr wahr ist
Hühnerfutter wird wieder ein lustiges Wort sein

Um schlechte Gedichte zu nennen und überkochte Spaghetti
den Redakteuren schicken wir dann Scherztelegramme
bitte verbreite die Nachricht solange du dich nicht geändert hast
Dorothee Sölle

Hartmut Joisten
Gegen Machenschaften

Machenschaften. Ein Wort macht Schlagzeilen. Kommentatoren bezeichnen mit ihm in den Jahren 1987 und 1988 die politischen Zustände im nördlichsten Bundesland der Republik, in Schleswig-Holstein. Die Wochenzeitung »Die Zeit«: »Das Stück ›Die Macht und die Machenschaften‹, das nun seit vier Wochen auf der Kieler Landesbühne gegeben wird, erregt und erschreckt die Öffentlichkeit.« Den Inhalt dieses Stückes hätte kaum einer für möglich gehalten. Die Hauptdarsteller, Mitglieder der Landesregierung und deren Helfer, zeigen Unglaubliches. Ein Geflecht von Lug und Betrug, Täuschungen und Halbwahrheiten. Hinter der Fassade demokratischen Handelns.

Machenschaften. Fast zehn Jahre vor den Kieler Ereignissen taucht dieses Wort an anderer Stelle auf, beiläufig fast. 1979 geben der Rat der Evangelischen Kirche in Deutschland und die Deutsche Bischofskonferenz unter dem Titel »Grundwerte und Gottes Gebot« eine gemeinsame Erklärung heraus. Dort heißt es, daß das neunte und zehnte Gebot bestimmte Verhaltensweisen verbiete: »Es sind ursprünglich die unrechtmäßigen Machenschaften und Manipulationen, die untersagt werden. Die Forderung enthält... das Verbot des ›im Trüben Fischens‹ oder von Bemühungen, andere über das Ohr zu hauen.«

»Du sollst nicht begehren«, ein Gebot gegen Machenschaften, kleine und große. Was man sich darunter vorstellen kann, hat Martin Luther in seinem großen Katechismus auf den Punkt gebracht: »Niemand solle daran denken und sich vornehmen, das an sich zu nehmen, was dem anderen gehört, wie zum Beispiel Weib, Gesinde, Haus und Hof, Äcker, Wiesen, Vieh, auch wenn es unter einem guten Schein und einem guten Vorwand, jedoch zum Schaden des Nächsten geschehe... denn so, wie die Natur geartet ist, gönnt niemand dem anderen so viel als sich selber, und jeder bringt an sich so viel er immer kann; ein anderer soll bleiben, wo er mag.«

Nach Luthers Meinung liegt dem Menschen eine Neigung zu Machenschaften, zu rücksichtsloser Selbstsucht, im Blut, mehr als der Sinn für den anderen und das Gemeinwohl. Die Bibel kennt diese Seite des Menschen, immer wieder kommt sie darauf zu sprechen. Gleich ganz vorne, auf den ersten Seiten, in der Geschichte über Kain, den Ackermann, und Abel, den Schäfer. Eine rätselhafte und in vielem nicht leicht zu begreifende Erzählung. Kain und Abel tun in ihrem Beruf ihr Bestes und vergessen darüber auch Gott nicht. Der aber reagiert für menschliches Begreifen unerwartet, unverständlich: »Der Herr sah gnädig an Abel und sein Opfer, aber Kain und sein Opfer sah er nicht gnädig an.« Ohne Begründung. Kain läßt das nicht unberührt. Haß keimt in ihm auf, Neid. Warum wird Abel besser behandelt als ich, weswegen ist mein Opfer nicht so gut wie seines? In einem kurzen Satz beschreibt die Bibel seine Stimmungslage: »Da ergrimmte Kain sehr und senkte finster seinen Blick.«

Der Ausgang des Dramas ist bekannt: Kain schlägt seinen Bruder tot. Aus Neid, aus Haß, aus dem Empfinden heraus, nicht genau so viel wert zu sein wie Abel. Haß und Neid verstricken sich zu Machenschaften, lassen begehrlich-begierige Blicke entstehen und zerstören schließlich Leben.

Jeder Mensch ist einzigartig und eine unverwechselbare Persönlichkeit. Keiner gleicht dem anderen. Auch noch so findige und bedeutende menschliche Leistungen können an solcher Ungleichheit nichts ändern. Sie bereitet Neid den Nährboden, einem menschlichen Empfinden, das alle Kulturen kannten und kennen. Denn es gibt immer irgend etwas, das der andere hat oder ist und das mir fehlt. Ob es sich um Materielles handelt, Haus und Hof, wie es Luther in den Worten seiner Zeit sagte, um eine glückliche Familie, gute Freunde, eine blühende Gesundheit oder vieles mehr. Neid, so sagte es Erich Fromm einmal, ist nicht nur die Folge der Tatsache, daß A nicht nur nicht bekommt, was er haben möchte, sondern daß B es hat. Damit ist das Kains-Gefühl beschrieben, dem letztlich keiner vollends entkommen kann. Immanuel Kant: »Die Regungen des Neides liegen in der Natur des Menschen.«

Also nichts zu machen gegen Machenschaften? Doch, Auswüchse des Neides lassen sich eindämmen. Insoweit das gelingt, entwickelt sich Kultur. Das hat Helmut Schoeck in seiner großen Untersuchung über den Neid und die Gesellschaft gezeigt. Die Geschichte der Zivilisation, meint Schoeck, sei letztlich das Ergebnis unzähliger Niederlagen des Neides und der Neider. Nach Schoecks Meinung spielte dabei die jüdisch-christliche Tradition eine besondere Rolle. Sie habe den Menschen immer vorgehalten, »mit der Ungleichheit seines Nebenmenschen – als reifer Mensch und Christ – fertig zu werden«.

Ein zweites kommt hinzu: Der christliche Glaube rechnet realistisch damit, daß in dieser Welt kein Mensch dem anderen gleicht. Andererseits geht er davon aus, daß vor Gott alle Menschen gleich sind und sich keiner bei ihm durch besondere Mühen oder Leistungen in ein besseres Licht rücken kann. Rechtfertigung allein aus Glauben – so haben die Reformatoren das genannt.

»Du sollst nicht begehren«, ein Gebot gegen Neid und Haß entspringenden Machenschaften. Es kann helfen, sie einzudämmen, damit glaubwürdiges Leben wachsen kann.

Es sind eigentlich nur die ›nützlichen‹ Erfindungen, denen ich abgeneigt bin und mißtraue. Bei diesen angeblich nützlichen Errungenschaften ist immer so ein verfluchter Bodensatz dabei, sie sind alle so schäbig, so ungroßmütig, so kurzatmig, man stößt so schnell auf ihren Antrieb, auf die Eitelkeit oder die Habsucht, und überall hinterlassen diese nützlichen Kulturerscheinungen einen langen Schweif von Schweinerei, von Krieg, von Tod, von verheimlichtem Elend. Hinter der Zivilisation her ist die Erde voll von Schlackenbergen und Abfallhaufen, die nützlichen Erfindungen haben nicht nur hübsche Weltausstellungen und elegante Automobilsalons zur Folge, sondern es folgen ihnen auch Heere von Bergwerkarbeitern mit blassen Gesichtern und elenden Löhnen, es folgen ihnen Krankheiten und Verödung, und daß die Menschheit Dampfmaschinen und Turbinen hat, dafür zahlt sie mit unendlichen Zerstörungen im Bild der Erde und im Bilde des Menschen, dafür zahlt sie mit Zügen im Gesicht des Arbeiters, mit Zügen im Gesicht des Unternehmers, mit Verkümmerungen der Seele, mit Streiken und mit Kriegen, mit lauter schlimmen und abscheulichen Dingen, während dagegen dafür, daß der Mensch die Violine erfunden, und dafür, daß jemand die Arien im Figaro geschrieben hat, keinerlei Preis bezahlt werden muß. Mozart und Mörike haben der Welt nicht viel gekostet, sie waren wohlfeil wie der Sonnenschein, jeder Angestellte in einem technischen Bureau kommt teurer.

Hermann Hesse

Reichtum ist das allergeringste Ding auf Erden, das kleinste Geschenk, das Gott einem Menschen geben kann. Was ist es verglichen mit dem Wort Gottes? Ja, was ist es noch, verglichen mit den Gaben des Geistes? Darum gibt unser Herrgott gemeiniglich den Reichtum den groben Eseln, denen er sonst nichts gönnt.
Martin Luther

Ist die feierliche Ehrfurcht vor dem Geld, wie sie nirgends so deutlich ist wie in »christlichen Kreisen« etwa vor Gott besser als der gemeine Diebstahl?
Karl Barth

Wir haben heute zu viele volle Brieftaschen und zu wenig unruhige Herzen, zu viele auch, die von anderen Opfer fordern, die sie selber zu bringen nicht willens sind, oder vor fremden, aber nicht den eigenen Türen kehren.
Ernst Käsemann

Geld, Macht, Ruhm, Verbürgerlichung verbreiten Egoismus: Das ist jenes Tier, das in uns selber steckt, uns verschlingt und uns verleitet, zu verschlingen. Herr, hilf der menschlichen Kreatur, falschem Reichtum zu entgehen und einzutauchen in den Reichtum, zu dem wir alle geboren sind: in die eine, untrennbare Liebe – Gottesliebe – Menschenliebe.
Dom Helder Camara

Ich Unglücklicher! klagte ein Geizhals seinem Nachbarn. Man hat mir den Schatz, den ich in meinem Garten vergraben hatte, diese Nacht entwendet, und einen verdammten Stein an dessen Stelle gelegt.

Du würdest, antwortete ihm der Nachbar, deinen Schatz doch nicht genutzt haben. Bilde dir also ein, der Stein sei dein Schatz; und du bist nichts ärmer.

Wäre ich auch noch nichts ärmer, erwiderte der Geizhals; ist ein andrer nicht um so viel reicher? Ein andrer um so viel reicher! Ich möchte rasend werden.
Gotthold Ephraim Lessing

Gebhard Böhm
Erwerben und besitzen

I

Es ist nicht unüblich, bei den Geboten des Dekalogs zu unterscheiden zwischen Geboten, die der Beziehung des Menschen zu Gott gelten, und anderen Geboten, die die Beziehung des Menschen zum Mitmenschen betreffen. Man spricht gelegentlich von der »ersten« und von der »zweiten Tafel« der Zehn Gebote. Diese Unterscheidung aber ist falsch. Sie reißt auseinander, was zusammengehört. Denn in allen Geboten, vom ersten bis zum letzten, geht es darum, daß diese drei Größen zusammenkommen und einander entsprechen:

Gott – Ich – der Nächste.

Weil es um diese Trias geht, kann man den Dekalog insgesamt – so wie Jesus das getan hat – in das Doppelgebot der Liebe zusammenfassen (Mt 22,37 ff.).

Freilich: das *Medium*, in dem sich diese drei begegnen, der *Ort*, an dem diese Trias entsteht, kann *verschieden* sein. Und daher gibt es die verschiedenen Gebote.

Gott – Ich – der Nächste: Sie können zusammentreffen in der Arbeit – und daher auch in der Arbeitsruhe, weshalb es das Feiertagsgebot gibt; sie können zusammensein in der Gemeinschaft der Generationen, worauf das Elterngebot zielt. Sie können beieinandersein in der Politik und der Religion. Sie können einander begegnen im Wort des Zeugen vor Gericht, worum es dem 9. Gebot zu tun ist. Und sie können einander eben auch treffen in dem *Besitz*, in dem, was der Mensch sein *eigen* nennt.

Und das ist tatsächlich das Thema und das Problem dieses letzten Gebotes, wie Gott, ich und der Nächste im Medium des Besitzes zusammenfinden und einander entsprechen können.

Es ist allerdings nicht ohne Sinn, daß dieses Gebot *am Schluß* der Reihe steht. Denn einerseits gibt es doch Wichtigeres für den Glauben als die materiellen Dinge. »Laß fahren dahin!« Einerseits ist der

Glaube gewiß befaßt mit Ewigkeitswerten und nicht mit dem, das von Motten und Rost gefressen, von Dieben ausgegraben und fortgetragen werden kann (vgl. Mt 6,19f.); dem Glauben geht es um Gott und nicht um irdisches Gut, um den Geist und nicht ums Geld. Daher ist dieses Gebot *das letzte,* und es gehört an das Ende des Dekalogs. Aber andererseits ist es so einfach nicht. Die Erfahrung zeigt es – und die Bibel als ein realistisches Buch beschreibt es: Die nächstliegende Funktion des Besitzes ist es eben doch nicht, Medium der *Begegnung* von Gott, Ich und dem Nächsten zu sein, sondern Medium der *Trennung*, ein Mittel der *Entzweiung*.

»*Ich* bin mir selbst der Nächste«, sage ich dann – und damit ist *der Nächste* in die Ferne gerückt. In meinem Besitzen bin ich auf mich selbst bezogen; in meinem Erwerben suche ich mich selbst. Luther sprach von der »Verkrümmung (incurvatio) des Menschen in sich selbst« – wo käme das stärker zum Ausdruck als in diesem Spruch?

Aber nicht nur gegenüber dem Nächsten, auch in die Beziehung zu Gott tritt der Besitz störend ein. Jesus spricht von der Konkurrenz von Gott und dem »*Mammon*« (Mt 6,24). So kann der Besitz dem Glauben gefährlich werden.

Kein Wunder, daß manche ihn fürchten wie den Leibhaftigen und sich in *Askese* flüchten, in die Vermeidung des Besitzes. Da wird der Besitz dämonisiert, und die Armut wird zum Ideal.

Wir wollen diesen Weg jetzt nicht verfolgen, ihn nicht auf seine Chancen und Gefahren hin untersuchen; wir wollen dem nicht nachgehen, wie die Besitzlosigkeit zum Medium der Begegnung von Gott, Ich und dem Nächsten werden kann – und nicht dem, wie auch sie der Selbstbezogenheit als Mittel dienen kann.

Dieses letzte Gebot weist in eine andere Richtung. Und wir wollen zunächst nur dies festhalten: daß das Gebot den Besitz nicht ausschließt aus dem Glauben, daß es ihn vielmehr als einen Ort erkennt, an dem Gott, Ich und der Nächste zusammenfinden und einander entsprechen können.

Das mag dem Skeptiker der Quadratur des Kreises vergleichbar erscheinen. Und wo es dazu tatsächlich käme, wäre es auch für den Glauben wohl ein *Wunder* von Gott.

Und daher gehört nun doch dieses Gebot nicht nur an das Ende, sondern an das *Ziel* dieser Reihe. Denn auf dieses Ziel läuft – bezüglich des Besitzes – der Glaube doch zu: nicht daß der Besitz nur nebensächlich und selbstverständlich würde neben dem Wichtigeren und Eigentlichen, sondern daß in dem, was ich *mein eigen* nenne, *Gott* und *der Nächste* reichlich Platz haben – wie es ja Lukas für die Urgemeinde beschrieben hat: »Die Menge der Gläubigen war ein Herz und eine Seele; und nicht einer sagte von seinen Gütern, daß sie sein wären, sondern es war ihnen alles gemeinsam... und man gab einem jeglichen, je nachdem einer in Not war.« (Apg 4,32 ff)

II

Wenn sich Gott, Ich und der Nächste im Medium des Besitzes treffen sollen, dann muß es zunächst um den *Besitz des Nächsten* gehen. Es ist ja nur eine kleine Entfernung zu ihm, und daher ist es möglich, daß *sein* Besitz mir in die Augen fällt. Es ist ja nur eine geringe Distanz, und so ist es denkbar, daß ich *das Seine* herüberziehen will – und zwar auf mancherlei Weise. Luther spricht vom »Nehmen«, von »falscher Ware und Handel«, von »List« und einem »Schein des Rechts« usw. Das Erwerben kennt offenbar viele Wege – und vor allem viele *Schleichwege*. Man merkt es kaum – und doch geschieht es.

In einer Welt, die zum Dorf geworden ist, in der die Unterscheidung von »Fernsten« und »Nächsten« an Sinn verloren hat, vollzieht es sich *weltweit* und systematisch: zunächst als Suche nach dem »Schatz der Inka« (so der Titel eines unterhaltsamen Gesellschaftsspiels), als Landraub, als Handel mit Sklaven und mit »Kolonialwaren«; heute in weniger spektakulärer, in weniger schroffer Form, man nennt es »niedrige Rohstoffpreise«, »Absatzmärkte für unsere Industrie«, »günstiges Investititonsklima«, »stabile politische Verhältnisse« – aber Abhängigkeit, Verelendung, Verschuldung und Unterdrückung ist die Realität. Daher ist es das erste, das zu beachten ist, wenn der Besitz zum Ort der Begegnung von Gott, Ich und dem Nächsten werden soll, daß diese kleine Entfernung als Entfernung gewahrt bleibt, daß nicht aus der Nähe zum Nächsten eine Distanzlosigkeit und eine Grenzüberschreitung wird.

Jahrhundertelang hat sich dies katechetisch eingeprägt, daß es angesichts des Besitzes zunächst um *das Erwerben* geht – und daß nicht jeder Weg des Erwerbens einem Christen erlaubt sein kann. Dabei bleibt es. Man wird nur darauf achten müssen, daß man die zeitgemäßen Schleichwege des Erwerbens erkennt. Das biblische Gebot fordert ja in neuen Situationen zu neuen Konkretionen auf, damit Gott, Ich und der Nächste immer neu zusammenfinden und einander entsprechen können. Martin Luther meinte sogar, der

Glaube werde immer neue Gebote, neue Dekaloge schreiben müssen, wenn er nur bei dem einen bleiben wolle, auf das auch der alte, der biblische Dekalog zielt.

Und eben daher, weil die Phantasie keine Grenzen kennt, wenn es ums Erwerben geht, muß dringend neben die Ethik des Erwerbens eine *Ethik des Besitzens* treten, in der der *eigene Besitz* im Mittelpunkt der Aufmerksamkeit steht. Nicht nur mein Verhältnis zum Besitz des Nächsten, auch mein Verhältnis zu meinem eigenen Besitz steht in Frage. Nicht nur, was ich mit dem Besitz meines Nächsten mache – begehren oder nicht begehren –, sondern was mein Besitz mit meinem Nächsten macht, ist das Problem. Luther hat es so gefragt, ob mein Besitzen dem Nächsten das Seine »zu behalten förderlich und dienstlich« sei oder ob es ihm schade. Das mag ich mich selbst fragen, ob es bei meinem Wohlstand und durch meinen Wohlstand um meinen Nächsten wohlsteht.

Besitz bringt Besitz hervor. Die Frage ist: Für wen?

Es ist eine unglaubliche Naivität, die das Besitzen für eine ganz unproblematische Sache hält. Über weite Strecken der Geschichte des Glaubens gab es daher nicht nur eine Ethik des Erwerbens, auch nicht nur eine Ethik des Gebens (vor allem von Almosen), es gab nicht nur eine Ethik der Besitzlosigkeit, sondern eben auch eine *Ethik des Besitzens*. Diese gilt es zunächst in Erinnerung zu rufen.

Diese *Ethik des Besitzens* kannte vor allem das Gebot, Bedürftigen zu leihen. Die Psalmen reden davon (Ps 37,26; Ps 112,5). Fromme Gelehrte zerbrachen sich darüber den Kopf, so ein gewisser Rabbi Schim'on, der um 250 n. Chr. gesagt hat: »Wer ein Darlehen gibt, ist größer als der, welcher ein Almosen gibt (denn er erspart dem Armen eine Beschämung).« Ein Rabbi Abba (um 290 n. Chr.) fand diese Einsicht so bedeutsam, daß er sie weiterüberlieferte.

Diese *Ethik des Besitzens* schärfte aber des weiteren das Verbot ein, auf Zinsen zu leihen. Die hebräische Sprache ist sehr bildlich: geschäftstüchtiges Leihen ist wie der Biß einer Schlange – das Hebräische hat für beides *ein* Wort. Dagegen sollte es um ein anderes Leihen gehen, das nicht vom Gewinn regiert würde, sondern bestimmt wäre von der Bedürftigkeit des Armen.

Diese *Ethik des Besitzens* bestreitet nicht das Recht des Besitzens, aber sie fragt nach den Grenzen der Vermehrung des Besitzes. Diese Ethik verträgt sich wohl mit dem natürlichen Wunsch des Menschen, glücklich zu sein, aber sie sieht den Sinn des Besitzes nicht nur im Wohlergehen des Besitzers, sondern auch – und vor allem! – im Wohlergehen von dessen Nächstem, der mir so nahe ist, daß *mein* Besitz *ihn* mitbetrifft.

III

Seit einigen Jahren finden sich vermehrt Versuche einer konkreten Umsetzung solcher Einsichten in die Praxis des Glaubens. Einer dieser Versuche ist in der *Ökumenischen Entwicklungsgenossenschaft* (EDCS – Ecumenical Development Cooperative Society) gegeben, die freilich über das Stadium eines Versuches inzwischen weit hinausgewachsen sein dürfte.

Hinter dieser Unternehmung steht die Einsicht, daß man – und das gilt für Kirchen und für Einzelne in gleicher Weise – verantwortlich ist auch für das, was der eigene Besitz tut. Am Anfang dieser Genossenschaft stand die Erkenntnis, daß Geldanlagen etwas schaffen und bewirken – die Frage ist: was?

In den sechziger Jahren war bei einigen Christen die Besorgnis darüber entstanden und gewachsen, daß kirchliches Geld auf solchem Wege auch Zwecken dienen könne, die kirchlicherseits keinesfalls gewollt, ja auch nicht hingenommen werden könnten. Kirchliches Geld sollte – beispielsweise – nicht der Rüstung dienen und nicht an der Rüstung verdienen. Kirchliches Kapital sollte nicht in die Apartheid-Politik fließen und nicht aus dieser Politik Kapital schlagen usw.

Als Antwort auf derartige Bedenken kam es zu verschiedenen Initiativen des Ökumenischen Rates der Kirchen, u. a. auch dazu: Die EDCS, 1975 vom Ökumenischen Rat der Kirchen und dem Niederländischen Kirchenrat gegründet, bietet Kirchen und kirchenverbundenen Organisationen und – über die Förderkreise der EDCS – auch Einzelpersonen die Möglichkeit einer ungewöhnlichen Geldanlage. Das in der Genossenschaft angelegte Kapital wird nämlich – zu möglichst günstigen Bedingungen – an produktive Projekte (»income earning projects«) vor allem in Entwicklungsländern als Darlehen ausgegeben. Risiken, etwa durch Naturkatastrophen oder durch Wechselkursschwankungen, werden von allen Partnern gemeinsam getragen. Die Geldanlage trägt keine oder – unter günstigen Bedingungen – nur geringe Zinsen. Denn es ist zwar durchaus auch Ziel der Arbeit dieser Genossenschaft, den Wert des Kapitals zu erhalten, der Zweck ist aber – wie der Titel eines Informationsblattes besagt –, »Geld an(zu)legen für eine gerechtere Welt«. Zwar sind bei EDCS gewiß auch noch manche Fragen offen, und manche Probleme sind nicht befriedigend gelöst. Das wissen die, die sich hier engagieren und Mitverantwortung tragen, besser als mancher außenstehende Kritiker. Dennoch hat sich die EDCS in den letzten Jahren als ein einleuchtendes und einladendes Modell erwiesen, das – wenn auch nicht im erwarteten und erwünschten Maße bei den reichen Kirchen – doch bei Tausenden von Einzelpersonen zu einem neuen Verhältnis zum *eigenen* Besitz ermutigt hat.

Es ist gewiß nicht befriedigend, daß in den Kirchen die Besinnung darauf, wie »Kirche und Geld« in einer verantwortbaren Weise zusammenpassen könnten, nur so langsam vorankommt. Es ist aber erfreulich, daß so vielen einzelnen es bewußt zu werden beginnt, daß auch ihr Besitz zum Medium der Begegnung von Gott, Ich und dem Nächsten werden kann.

Anschriften der bundesdeutschen Förderkreise der EDCS

Norddeutscher Förderkreis der EDCS
c/o Karin Wisch
Am Pastorenbrook 3
2306 Schönberg

Niedersächsischer Förderkreis der EDCS
c/o Otto Lange
Akazienweg 7
2160 Stade

Berliner Förderkreis der EDCS
c/o Hans Zimmermann
Wollankstr. 84
1000 Berlin 65

Westdeutscher Förderkreis der EDCS
c/o Ulrike Chini
Auf der Brück 48
5270 Gummersbach 31

Hessisch-Pfälzischer Förderkreis der EDCS
c/o Thomas Freund

Ökumenische Werkstatt
Querallee 50
3500 Kassel

Bayrischer Förderkreis der EDCS
c/o Hans-Martin Schöll
Pirckheimer Str. 33
8500 Nürnberg 10

Südwestdeutscher Förderkreis der EDCS
c/o Zentrum für Entwicklungsbezogene Bildungsarbeit (ZEB)
Irmgard Seiz
Gerokstr. 17
7000 Stuttgart 1

Geld und Gewalt, Gewalt und Geld,
daran kann man sich freuen,
Gerechtigkeit und Ungerechtigkeit,
das sind nur Lumpereien.

Johann Wolfgang von Goethe

Die einzigen, die immer recht haben, wenn sie auf den Reichtum schimpfen, sind die Armen. Ihre Kritik ist unzweideutig, und sie kann nur durch die Praxis widerlegt werden. Sie hat es allerdings nicht darauf abgesehen, den Reichtum, sondern die Armut abzuschaffen.

Hans Magnus Enzensberger

Mit der Kernenergie befinden wir uns in der Situation eines Alkoholikers, der die Möglichkeit bekommt, in eine Schnapsfabrik einzuheiraten, und nun glaubt, sein Problem sei gelöst. Die Hauptaufgabe, die vor uns steht, ist, den Alkoholiker von seiner Sucht zu befreien.

Hans-Peter Dürr

Geld: das Gespenstische, daß sich alle damit abfinden, obschon es ein Spuk ist, unwirklicher als alles, was wir dafür opfern. Dabei spürt fast jeder, daß das Ganze, was wir aus unseren Tagen machen, eine ungeheuerliche Schildbürgerei ist; zwei Drittel aller Arbeiten, die wir während eines menschlichen Daseins verrichten, sind überflüssig und also lächerlich, insofern sie auch noch mit ernster Miene vollbracht werden. Es ist Arbeit, die sich um sich selber dreht.

Max Frisch

Es gibt Menschen, denen es gelingt, die Vorteile der Welt mit den Benefizien des Verfolgtseins zu vereinigen.

Karl Kraus

Was doch eigentlich den Armen den Himmel so angenehm macht, ist der Gedanke an die dortige größere Gleichheit der Stände.

Georg Christoph Lichtenberg

Hans-Richard Reuter
Der reiche Mann und der reiche Mensch

Predigt über Luk 12,13 – 21 zum Erntedankfest in einem
Universitätsgottesdienst der Peterskirche Heidelberg

Liebe Freunde,
übermorgen beginnt die Weltwährungskonferenz in Seoul. Morgen beginnt die Woche der Welthungerhilfe. Heute feiern wir Erntedankfest. Jetzt ist uns als Predigttext ein Abschnitt aus dem Lukas-Evangelium, 12. Kapitel, Vers 13 – 21 gegeben. Ich übersetze den Text so:
    Es sagte aber einer aus dem Volk zu ihm: »Meister, gebiete meinem Bruder, das Erbe mit mir zu teilen!« Er jedoch sprach zu ihm: »Menschenskind, wer hat mich zum Richter oder Erbteiler über euch gesetzt?« Darauf sagte er zu ihnen: »Paßt auf euch auf und hütet euch vor der Habsucht! Denn auch wenn einer Überfluß hat, beruht sein Leben nicht auf seinem Besitz.« Er sagte aber ein Gleichnis zu ihnen: »Das Land eines reichen Mannes hatte gut getragen. Und er dachte bei sich selbst: ›Was soll ich denn tun, da ich keinen Raum habe, wohin ich meine Früchte sammeln kann?‹ Und er sagte: ›Das will ich tun: ich will meine Scheunen abbrechen und größere bauen und dorthin all mein Korn und meine Güter sammeln und will zu mir selbst sagen: ach du meine Seele, du hast viele Güter auf viele Jahre daliegen; ruhe aus, iß, trink, sei fröhlich!‹ Aber Gott sprach zu ihm: ›Du Narr! In dieser Nacht fordern sie dein Leben von dir; wem wird es dann zufallen, was du bereitgelegt hast?‹ So geht es dem, der für sich Schätze sammelt und nicht reich ist zu Gott hin.«
    Diese Geschichte erzählt von einem mißglückten Erntedankfest, und sie läßt das Unglück ganz schnell hereinbrechen. Reichlich gereizt und aggressiv geht es hier zu. Da fertigt Jesus einen doch offensichtlich übervorteilten Bittsteller schroff und kurz angebunden ab. Und da ist in einem Gleichnis davon die Rede, wie Gott selber einem Mann ins Wort fällt, noch bevor er überhaupt zur Tat geschritten ist. Ja, da macht Gott selber kurzen Prozeß, unterbricht nicht erst die Ausführung, sondern schon den planenden Gedankengang: Mit dem ganzen Leben dieses Mannes soll kurzerhand Schluß sein. Ob das noch ein fairer Prozeß ist?

I

Was hat denn der Mann im Gleichnis eigentlich Böses getan oder gedacht? Da will doch einer bloß den Ertrag einer seltenen Rekordernte nicht verkommen lassen. Er ist kein Tagträumer, der sich der Illusion hingibt, das werde sich Jahr um Jahr wiederholen. Nein, er ist ein vorausschauender, verantwortungsvoller, kurz, ein vernünftiger Mann. So einer war jedenfalls zu Josephs Zeiten in Ägypten noch gut für eine steile Karriere in Politik und Verwaltung; und ich denke, das ist er heute erst recht. In der freien Wirtschaft. Da will doch einer bloß ausruhen vom Streß seiner Arbeit, will wieder einmal essen und trinken und fröhlich sein. Das ist nicht nur vernünftig, sondern auch gesund und menschenfreundlich, ja mehr als das: schließlich ruhte auch Gott der Herr höchstpersönlich am siebten Tage. Und hier erscheint er auf einmal in dieser menschenfeindlichen Gestalt, als ein Richter, der kurzen Prozeß macht. Der an dem, der Vorsorge trifft fürs Weiterleben, das Todesurteil vollstreckt. Standrechtlich. Ich gestehe: Mir sind die Götter des kurzen Prozesses verhaßt, und zwar auf Erden und im Himmel. Ich will keine Standgerichte, im Reich der Ayatollahs nicht und im Reich Gottes auch nicht.

Will uns Jesus anstelle des Lebens das Fürchten lehren, wenn er so einen vernünftigen, logischen Gedankengang mit dem Abbruch des Lebens bedroht? Aber vielleicht bilden ja unsere Gedanken nur die Oberfläche, die aufruht auf der Logik des Herzens. Vielleicht sind auch die Pläne, die einer bei sich selbst schmiedet, zweideutig – je nach der Wirklichkeit des Herzens, aus der sie hervorgehen. Ich denke, in unserer Geschichte geht deshalb alles so schnell, so abrupt zu, weil sie uns den Mann mit den Augen Gottes sehen läßt, ja weil sie uns teilnehmen läßt an dem Augen-Blick Gottes, der bis in des Mannes Herz reicht – oder ich sollte noch besser sagen: weil sie uns alle aussetzt diesem Blick, mit dem schon Jesus den um sein Erbe geprellten Bruder durchschaut, der doch auf den ersten Blick im Recht ist. Und wie kein anderer unter den Evangelien-Schreibern hat Lukas die Krankheit diagnostiziert, die da in der Tiefe des menschlichen Herzens zu sehen ist: er nannte sie mit dem griechischen Fachausdruck Pleonexie. Vielleicht war er doch ein Arzt. Die Pleonexie, das ist eine Störung der menschlichen Seele, die sich äußert in der Gier nach immer mehr, eine Krankheit des Herzens, durch die einer schier geil wird nach Besitz. Wir nennen sie auf deutsch die Habsucht.

Die Hab-Sucht: das klingt ja unheimlich genug, wenn man an die Bilder denkt von Menschen, die dem Teufelskreis einer Sucht erlegen sind. Ja, und nun wird uns allerdings zugemutet, einer Sucht ins Auge zu sehen, deren Szene nicht irgendwo am Rande liegt, nicht in Berlin Bahnhof Zoo, nicht in Frankfurts Kaiserstraße und nicht in Heidelbergs Unterer Straße, sondern mitten in uns selbst. Nicht als ob es bei der Habsucht nur um die eine oder andere moralische Verfehlung ginge. Nein, diese Sucht mit Namen Pleonexie, die wird genährt von einer Macht, gegen die ein einzelner nicht aufkommt. Die wird geprägt von einer Okkupationsmacht, die uns besetzt und beschlagnahmt, so daß wir alles besitzen und mit Beschlag belegen wollen. Vielköpfig ist sie auch, diese ungeheure Macht, wie ein mächtiges Ungeheuer: Wachstum um jeden Preis, Profit um jeden Preis, Besitz um jeden Preis, Sicherheit um jeden Preis. Wir sind alle besetzt von dieser Okkupationsmacht. Sie ist eine alles bestimmende Macht. Sie ist eine kapitale Macht.

II

Irgendwie ist der reiche Mann nur ein besonders typischer Repräsentant derer, deren Charakter von dieser kapitalen Macht geprägt ist. Nur, eins muß man sich klarmachen, um die ganze Sache richtig zu verstehen: *Reich war er schon, bevor er die Jahrhunderternte hatte.* Das Gleichnis beginnt nämlich so: »Das Land eines *reichen* Mannes hatte gut getragen.« Als Reicher wird er schon eingeführt in die Geschichte. Als einer, der es zu was gebracht hat bei dem Versuch, ein Stück von der Macht zu besitzen, die ihn in Wirklichkeit schon längst besessen hatte. Und deshalb ist es gar nicht wahr, wenn die meisten Ausleger meinen, er sei einer, der bloß seine eigene bislang ungewisse Zukunft sichern will. Einer, dem eine Ernte beschert war, die nun bloß auf längere Sicht eine Existenz sichern soll. Das ist das existential-theologische Dünnbier, das verzapft wird, wenn man nicht auf die realen Verhältnisse achtet. Nein, Überfluß hatte er ja schon genug, bevor endgültig die Säcke platzten und die Lagerhäuser in den Fugen krachten. Nun will er nicht nur seine Existenz sichern, sondern nun wird auf den Profit spekuliert, der herausspringt, wenn späterhin das Angebot sinkt und die Nachfrage steigt. Heute *vernichtet* der reiche Mann schon mal Salat, Getreide und Obst, damit die Preise überleben. Aber das ist dasselbe in Grün – und was von dem allem zu halten ist, das verrät bereits ein alter

Erfahrungssatz in Israel, nachzulesen im Buch der weisen Sprüche: »Wer Korn zurückhält, dem fluchen die Leute; aber Segen kommt über den, der es verkauft.« (Spr 11,26) So weit entfernt ist Lukas noch nicht von dem Rabbi aus Nazareth, daß er nicht mehr gewußt hätte, daß in Israel nicht der ein Sünder ist, der gegen irgendwelche selbstgemachten moralischen Vorschriften verstößt. So ein Unsinn! Ein Sünder ist im Volk Gottes der, der die Gemeinschaft schädigt.

Liebe Freunde, auf die Gefahr hin, daß die oberen Zehntausend jetzt rufen würden: Haut den Lukas! – man muß die Dinge schon so beim Namen nennen, wie dieser Evangelist, der einer aus Reichen und Armen gemischten Gemeinde ein Evangelium zu schreiben hatte. Das Evangelium ist kein Allgemeinplatz. Das Evangelium heißt nicht ohne weiteres: Gleiches Recht für alle! Sondern im Evangelium setzt sich das gleiche Recht für alle erst durch. Und weil das so ist, taucht da infolge des Evangeliums ein eigentümlich namenloses ›sie‹ auf: »Du Narr!« – sagt Gottes Wort zu dem Reichen – »Du Narr, in dieser Nacht fordern *sie* dein Leben von dir!« Gottes Wort, das den Reichen unterbricht, mobilisiert selber die Gegenmacht, und sie formiert sich hinter diesem eigentümlich anonymen ›sie‹. Und doch ist dieses ›sie‹ viel konkreter als das komische ›man‹, mit dem uns alle deutschen Übersetzungen die Köpfe vernebeln: »In dieser Nacht wird *man* dein Leben von dir fordern« – was heißt hier eigentlich ›man‹? Etwa ein höheres Wesen? Ach was, *sie* werden dem Reichen das Leben abfordern. Hinter diesem namenlosen ›sie‹ stehen sie auf, die Völker, die unser Weltwirtschaftssystem zu Hungerleidern macht. *Sie*, die Erniedrigten und Beleidigten, die unter der Schuldenlast zusammenbrechen und unter der bebenden Erde dazu. Gottes Gericht über dem Reichen, das ist die Frage, in der gefragt wird: »*Wem*, ja *wem*, wird es denn zufallen, was du bereitgelegt hast?« *Wer* wird denn eines Tages über das disponieren, was *wir* deponiert haben? Gottes Gericht ist diese erschreckende Frage, die den radikalen Wechsel der Besitzverhältnisse ankündigt. Wer wird über euer Deponiertes disponieren? *Sie*, die Elendsgestalten im Sudan, die Hungerleider und Almosenempfänger, die Staatsbankrotteure und Opfer unserer Entwicklungsdiktatur.

III

Man muß das, denke ich, so klar sehen und sagen, wie Lukas es gesehen hat. Aber wir wollen hier nicht heucheln, wollen trotzdem den Reichen als Person nicht hassen. Wir wollen ihn lieber *bemitleiden*, wollen mit ihm leiden und können das auch, weil er ja nur eine perfekt aufgezogene Marionette jener kapitalen Macht ist, die jeden von uns okkupiert. *Lassen Sie uns den Reichen bemitleiden!* Ich wüßte gern, ob den reichen Mann seine Arbeit mit Freude und anhaltender Befriedigung erfüllt. Das ist wohl falsch gefragt, denn es geht ja darum, daß er jetzt nichts anderes will, als in Ruhe genießen. Aber dann wüßte ich doch wenigstens gern, ob er denn eigentlich genußfähig ist, so voll und ganz, mit Leib und Seele und Haut und Haaren. Oder ob ihm nicht auch all seine Genußmittel, sein Wein und sein Braten, nach gehabtem Konsum abgestanden und geschmacklos vorkommen? Denn wie furchtbar verkehrt ist doch der geruhsame Genuß, wenn er aus der alles verschlingenden Habsucht kommt. Da ist alles Essen und Trinken nur die Fortsetzung des Dranges zum frustrierten Immer-mehr-haben-Wollen mit anderen Mitteln. Und da bedeutet die Ruhe der Seele bloß, daß der alles konsumierende Sinn des Habens das Wesen des Menschen unverändert, unentwickelt, mit einem Wort: infantil gelassen hat.

Ich glaube schon: wenn das geschieht, daß einer seine Seele auf seinem Besitz beruhen läßt, wenn einer sein Leben einfach ruhen läßt auf seinem angestrengt erarbeiteten Eigentum und nur noch seine Ruhe – und auch die noch: – *haben* will, dann wird er schon spüren, wie ihn auf einmal nur noch die innere Leere aushöhlt und die Langeweile angähnt und die Frage quält, wer er denn eigentlich ist. Und wenn er auf diese Frage nicht ein noch aus und keine Antwort weiß, dann ist sie wieder da: Gottes richtende und rechtende Unterbrechung unseres falschen Lebens, der kurze Prozeß, der doch kein Standgericht ist, weil wir uns diesen Prozeß von langer Hand selbst gemacht haben.

Deshalb gibt es da in unserem Text zwischen den Erbstreitigkeiten und dem Gleichnis diese große Warnung: »Paßt auf euch auf, und hütet euch vor der Habsucht!« Der Meister aus Nazareth rät es durchaus jedem einzelnen unter uns: ›Paß auf dich auf, und hüte dich vor der Habsucht; hüte dich um deiner selbst willen, sonst wird auch dein ganz persönliches Erntedankfest mißlingen!‹ Das ist eine ernste Mahnung. Aber: ist es eigentlich mit solchen Mahnungen getan? Müssen wir nicht sagen: Solche persönlichen Mahnungen waren vielleicht noch was für die übersichtlichen Verhältnisse damals da unten in Palästina. Da konnte man noch den einzelnen mahnen, daß er auf der Hut ist vor der inneren Okkupationsmacht. Aber ist bei uns nicht alles viel schlimmer? Die kapitale Macht ist doch – die Kapitalmacht. Und woraus diese Macht geboren ist, das können wir auch schon an den Worten des reichen Mannes ablesen.

IV

Hören wir noch einmal in sein Selbstgespräch hinein, in diese formelhafte Vorsatzbildung unter der Bestimmung der kapitalen Macht: »Das will *ich* tun: *ich* will *meine* Scheunen abbrechen und größere bauen und dorthin all *mein* Korn und *meine* Güter sammeln und will zu *mir selbst* sagen: ach du meine Seele, du hast viele Güter auf viele Jahre daliegen, ruhe aus!« Es ist schon stark, wie in diesen Sätzen das besitzanzeigende Fürwort – erste Person Singular – regiert. Aber reichen Männern, Reichen und Männern, geht das offenbar verdammt glatt von der Zunge: so ›mein‹ und ›mein‹ und ›mein‹ zu sagen ohne ›dein‹ und ›du‹ – es sei denn zu sich selbst. Sehen Sie, es gibt neuerdings gute Argumente dafür, daß die Erscheinungsform der kapitalen Macht, das Geld nämlich, daß das aus dieser Grammatik des ›mein‹ und ›mein‹ und ›mir‹ entstanden ist. Das Geld ist wahrscheinlich nicht, wie die meisten Soziologen meinen, ein harmloses Tauschmittel, sondern das Geld ist wahrscheinlich aus der Grammatik entstanden, die wir benutzen, um Mein und Dein entgegenzusetzen. Aus den Worten, die uns erlauben, das Privateigentum zu bezeichnen – kein Wunder, daß Jesus es strikt ablehnt, sich an der Auseinandersetzung über Mein und Dein zu beteiligen. In Verhältnissen, in denen es Mein und Dein gibt, da gibt es ja sehr schnell noch etwas anderes: die Schuld. Die Schuldenlast. Und dafür muß man Geld erfinden, damit man die Schulden bezahlen kann. Und wenn das Geld die Herrschaft angetreten hat, dann ist die Macht da. Die Kapitalmacht.

Ich habe ja an sich nichts gegen Geld. Gar nicht. Ich brauche ja das komische Zeug aus falschem Silber und Papier in meiner Tasche. Wenn wir dieses Zeug nicht in der Tasche hätten, könnten wir nachher nicht einmal unsere Spende für die Hungerhilfe des Diakonischen Werks geben. Und selbst die Kirche braucht es, und wie, damit sie ihre Leute einstellen und bezahlen kann. Aber das Geld ist eben nicht nur das Metall und Papier in unserer Tasche. Es ist zugleich auch eine Macht. Es ist die Kapitalmacht, die die ganze Welt verhext. Die Macht, die unseren Erntedank dauernd mißlingen läßt, auch wenn wir noch so viel gespendet haben. Es ist die Macht, die alles aushöhlt, die nichts als leere Formen hinterläßt.

V

Aber, so fragen wir: *Wie um Gottes willen kommen wir denn heraus aus dem Herrschaftsbereich dieser kapitalen Macht?* Ich weiß dazu kein Rezept. Ich glaube auch gar nicht, daß es eins gibt. Es gilt, ihr erst mal ins Auge zu sehen. Aber dann lese ich am Ende unseres Gleichnisses noch den lapidaren Satz: »So geht es dem, der für sich Schätze sammelt, und nicht reich ist *zu Gott hin*.« Reich sein *zu Gott hin* – liebe Freunde, hier enthalten uns die gängigen Übersetzungen wieder etwas Entscheidendes vor. »So geht es dem, der nicht reich ist *bei Gott*« – heißt es in der Luther-Revision. Das ist mir zu fromm. »So geht es dem, der nicht reich ist *vor Gott*« – liest man in der Zürcher Bibel. Das ist mir zu autoritär. »So geht es dem, der nicht reich ist *in Gott*« – sagt die alte Luther-Bibel. Das ist mir zu perfekt. Nein, »reich *zu Gott hin*« – so steht es da, und das bringt Bewegung und Dynamik in die Welt. Reich sein *zu Gott hin* – das ist die sparsame Andeutung der schlechthin anderen Richtung, die unser ganzes verkehrtes Leben zurechtbringen könnte. Denken kann ich sie mir wohl, die reichen Menschen von ganz anderer Art, die im Unterschied zum reichen Mann reich sind zu Gott hin.

Sie wären, so denke ich, schon reich von Geburt an, so reich und erfüllt, daß sie es nie mehr vergessen können. Zwar lernten sie im Lauf ihres Lebens, daß sie vieles haben müssen als Mittel zum Leben. Aber nie könnten sie vergessen, daß sie schon vorher reich waren. Und wenn sie es einmal zu vergessen drohten, dann fiele es ihnen wieder ein in den Stunden, die sie aufs neue ganz und gar und an Leib und Seele erfüllten. Sie unternähmen nicht den Versuch, diese Stunden zu Immobilien zu machen, sie unbeweglich einzusperren in die Gehäuse der Zeit. Nein, sie ließen diese Stunden eine Stärkung ihrer Erinnerung sein und ihres Mutes. Sie führten in solchen Stunden kein Selbstgespräch, denn solche Stunden wären ja – denke ich – gerade die, in denen sie erfüllt würden von einem anderen, und für den sparten sie sich nicht auf. Es müßte sie kein anderer unterbrechen, weil sie auf ihn hin ja immer schon ausgerichtet wären. Sie ließen nichts auf sich beruhen, schon gar nicht ihre Seele, sondern die wäre ihnen eine Schubkraft, um beides, Leib und Seele in Kontakt zu bringen mit anderen – und so könnten sie voll genießen. Sie unterschieden wohl, aber sie trennten nicht zwischen den Gegenständen ihrer Arbeit und dem, woran sich ihre Freude entzündet, weil sie in beiden ihren eigenen Reichtum wiederentdecken, und wenn das nicht so wäre, dann hörten sie daraus den Ruf zur Veränderung. Der reiche Mensch – das wären eine Frau und ein Mann mit Eigenschaften, und sie wären verrückt danach. So würden sie immer reicher zu Gott hin, auch wenn sie am Ende ärmer würden an Lebenskraft. Aber in ihrem Leben hätte sie niemand zum Narren gehalten, am wenigsten sie sich selber, denn sie versäumten nichts. Sie hätten sich nämlich ganz einfach die Zeit genommen, miteinander zu leben, ja, sie hätten dankend genommen, was ihnen von Anbeginn ihres Lebens geschenkt war – nicht mehr und nicht weniger. Die Früchte der Zeit, die hätten sie aufmerksam und dankbar gepflückt, hätten sie ausgekostet als eine Ernte von dem allen gemeinsamen Grund und Boden.

Aber *wer, das ist die große Frage, wer ist denn schon der reiche Mensch?* Sind wir es, oder sollen wir auf einen anderen warten? Wenn Sie und ich, wenn wir es nicht sind, dann dürfen und sollen wir auf den reichen Menschen warten, von dem die Evangelien unaufhörlich erzählen. Daß er kommt und die Kapitalmacht zerschlägt. Bis dahin, fürchte ich, wird uns kein Erntedank richtig gelingen. Aber gelingen könnte etwas anderes. Wir feiern jetzt gleich das Mahl Jesu Christi. Liebe Freunde, ich möchte Sie heute einladen, wenn Sie mögen, einmal alles zu vergessen, was daran so schwierig und metaphysisch aussieht. Ich möchte Sie einladen: Lassen Sie uns diese Handlung heute als eine Demonstration feiern. Eine Demonstration gegen die Kapitalmacht, denn hier kann man das elementar Sinnliche genießen: Brot und Wein. Eine Zeichenhandlung gegen die Schuldenkrise, denn hier herrscht die Vergebung, der große Schuldenerlaß. Eine Symbolszene für die neue Ökonomie, denn hier sagt keiner: Ich will, ich habe und das ist mein und mir! Bei dieser Handlung hören wir auf den reichen Menschen, der es im Evangelium ablehnt, über Mein und Dein zu entscheiden. Und der sagt jetzt gleich: *Ich – mein Leib, mein Leben – für Dich!* Der das sagt, ist der eine wirklich reiche Mensch. Unsere einzige Hoffnung. Amen.

Jo Krummacher
Krösus und Christus

Ein Dialog

geld
regiert die welt.
gott auch.
geld
hat man.
gott nie.
geld
stinkt nicht.
o gott!
geld
versteckt sich.
vor gott.
geld
beruhigt.
gott nicht.
geld:
zeit ist geld.
gott: noch!

geld
macht schweigen.
ach gott!
geld
wäscht rein.
nein. gott!
geld
bringt zins.
weiß gott.
geld
führt krieg.
mit gott?
geld
ist hart.
und gott?
geld
klingt.
mein Gott!

Lob des Geldes

Wer sagt, du eilst vom Garn umstrickt,
von schwarzer Habsucht ganz berückt,
dem Höllhaus noch entgegen,
wenn Tag und Nacht, dein Leben lang,
dich lockt des Geldes gelber Klang
auf Schleich- und Diebeswegen?

Du Mensch beginne, was du willst,
wenn du mit Geld die Leute stillst,
vom Galgen noch wirds helfen.
Und ob du auch ein Taugnichts bist,
die Armen zittern, wenn du frißt,
und bellen mit den Wölfen!

Sei noch so dumm, du bist doch klug,
denn hast du Geld, langt das genug,
um dich für klug zu halten!
Sei noch so häßlich, du bist schön,
das Geld wird deinem Bauch anstehn
und dir die Weiber halten.

Seht an den reichen Ferkelschwanz,
wie er verschnauft nach Weib und Tanz
und schlürft im Bürgerkeller.
Ihr grüßt ihn tief, er dankt euch nicht
und kann verdaun kaum das Gericht,
das er euch nahm vom Teller.

Ihr spart noch am Petroleumlicht,
wenn es an Brot auch sehr gebricht,
könnt ihr euch sterben legen.
Ihm wird der Brotlaib ganz zuteil,
er spannt euch vor sein langes Seil
und kann sich fortbewegen!

Wer schreit, daß uns der Böse schickt,
wenn Hunger uns den Hals zudrückt,
die Zehn im Schnee erstarren!

Es steht kein Bett lang ohne Laus.
Von nichts raucht nicht der Schorn am Haus.
Es gibt ein Loch im Sparren!

Drum denkt, ihr Reichen, auch daran,
wie bald das Geld entschwinden kann,
das euch hier ward gegeben.
Erzeiget euch Gott dankbar auch
und macht noch rasch recht viel Gebrauch
vom Geld in diesem Leben!

Erhebt euch groß in Übermut!
Beweist damit, wie wert und gut
es ist, Geld zu besitzen!
Wenn große Not um Hilfe schreit
und schreit auf euch vermaledeit:
Bleibt auf dem Geldsack sitzen!

Peter Huchel

Ökumenischer Rat der Kirchen
Geteiltes Leben
in weltweiter Gemeinschaft

Ergebnisse der Weltkonsultation über ökumenisches
Miteinanderteilen in El Escorial im Oktober 1987

Der ökumenische Rat der Kirchen veranstaltete vom 24.–31. Oktober 1987 in El Escorial (Spanien) eine internationale Konsultation über ökumenisches Miteinanderteilen, an der 250 Mitarbeiter und Mitarbeiterinnen von Kirchen und kirchlichen Organisationen aus 73 Ländern teilnahmen. Unter dem Thema »Geteiltes Leben in weltweiter Gemeinschaft« diskutierten sie über die Art und Weise, wie Einzelpersonen, Hilfswerke, Kirchen, ökumenische Organisationen am Einsatz und Austausch von geistlichen Gaben, Personal und materiellem Gut teilnehmen sollen.

I

Aus der überströmenden Fülle seiner Liebe heraus hat Gott die Welt erschaffen und hat sie der ganzen Menschheit anvertraut mit dem Auftrag, als seine Haushalter mit ihr umzugehen und ihre Güter miteinander zu teilen. Als Empfänger der göttlichen Gabe des Lebens sind wir aufgerufen, die Welt mit Gottes Augen anzusehen und sie durch unsere Beweise der Liebe, des Miteinanderteilens und einer verantwortlichen Haushalterschaft zum Segen für alle werden zu lassen.

Unsere Sündhaftigkeit und Eigensucht aber haben uns dazu verleitet, Gottes Gabe zu mißbrauchen. Wir haben es zugelassen, daß zur Befriedigung der Interessen einiger weniger das Leben vieler beraubt worden ist. So sind ungerechte Strukturen entstanden, die die Mehrheit der Weltbevölkerung in dauerhafte Abhängigkeit und Armut gestürzt haben. Dies steht im Gegensatz zu Gottes Heilsplan.

Inmitten dieser sündigen Welt hat Gott sich selbst in Jesus Christus für das Leben der Welt hingegeben. Jesu entsagungsvolle Liebe am Kreuz weist uns den Weg zur Buße. Sie wird zur treibenden Kraft und zum Vorbild unseres Teilens.

Die Gegenwart des auferstandenen Herrn in der Kraft des heiligen Geistes verleiht uns die Fähigkeit, Schranken niederzureißen und Strukturen zu verändern, um den Weg für das Kommen des Reiches der Gerechtigkeit und des Friedens zu bereiten.

Das in Christus durch den heiligen Geist geschenkte Leben macht aus uns ein neues Volk – Glieder des einen Leibes, die einer des anderen Last tragen und das Leben miteinander teilen, welches Gott allen gegeben hat.

In der Feier des Abendmahls bringen wir Gott uns selbst und die ganze Schöpfung in ihrer Zerbrochenheit dar und erhalten sie neu zurück. Das Abendmahl sendet uns in die Welt zurück, damit wir Christi Leib sind, der für das Leben der Welt gebrochen und geteilt wird.

Als Erstling der neuen Menschheit ist die Kirche aufgerufen, mit allen Menschen solidarisch zu sein, insbesondere mit den Armen und den Unterdrückten, und die Wertsysteme dieser Welt in Frage zu stellen.

Im Vertrauen auf die Gnade Gottes in Jesus Christus, der allein uns durch den heiligen Geist in den Stand setzt, den göttlichen Willen gehorsam zu erfüllen, verpflichten wir, die Teilnehmerinnen und Teilnehmer an der Weltkonsultation über ökumenisches Miteinanderteilen, die wir aus verschiedenen Teilen der Welt zusammengekommen sind, uns zu einer gemeinsamen Disziplin des Teilens mit dem ganzen Volk Gottes.

II

Bei allem Miteinanderteilen verpflichten wir uns:

1. Uns an einem vollständig neuen Wertsystem zu orientieren, das auf Gerechtigkeit, Frieden und Bewahrung der Schöpfung beruht. Dieses System wird das reiche Potential der menschlichen Gemeinschaften und ihren kulturellen und spirituellen Beitrag wie auch die reichen Gaben der Natur anerkennen und respektieren. Es wird sich grundlegend von den Wertsystemen unterscheiden, auf denen die bestehende wirtschaftliche und politische Ordnung beruht und die die Ursachen darstellen für die heutigen Krisen und Gefahren, wie beispielsweise die nukleare Bedrohung oder die Umweltverschmutzung durch die Industrie.

2. Ein neues Verständnis vom Teilen zu entwickeln, in dem diejenigen, die aufgrund ihres Geschlechts oder Alters, aus wirtschaftlichen oder politischen Gründen, aufgrund ihrer ethnischen Her-

kunft oder körperlichen Behinderung oder weil sie Heimatlose, Flüchtlinge, Asylsuchende oder Wanderarbeiter sind, an den Rand der Gesellschaft gedrängt werden, ihren Platz als gleichberechtigte Partner im Zentrum aller Entscheidungsprozesse und Aktivitäten einnehmen.

Das heißt beispielsweise, daß
a) Kirchen, Räte und Netzwerke zu diesem Zweck nationale und regionale ökumenische Mechanismen schaffen;
b) in allen Entscheidungsgremien für eine adäquate Vertretung von Frauen und jungen Menschen gesorgt wird.

3. Uns im Kampf um Gerechtigkeit und Menschenwürde in Kirche und Gesellschaft mit den Armen und Unterdrückten und deren Organisationen zu identifizieren. Das bedeutet, daß wir jede Mitwirkung an Formen des Teilens, ob als Geber oder als Empfänger, ablehnen, die diesen Kampf untergraben.

4. Den Auftrag Gottes dadurch zu erfüllen, daß wir auf allen Ebenen die Ursachen und Strukturen der Ungerechtigkeit aufdecken, verurteilen und bekämpfen, die zur Ausbeutung der Reichtümer und der Menschen der Dritten Welt geführt und Armut sowie die Zerstörung der Schöpfung zur Folge haben. Gleichzeitig müssen wir auf eine neue wirtschaftliche und politische Ordnung hinarbeiten. Das würde beispielsweise bedeuten, daß sich die Kirchen im Norden und im Süden verpflichten, die verschiedenen Anti-Atom-Bewegungen stärker zu unterstützen und sich an ihnen zu beteiligen und ihre Regierungen zu drängen, Atomtests sowie die Lagerung von Atommüll einzustellen. Es würde ferner bedeuten, daß sie zusammen mit den Betroffenen den Kampf gegen transnationale Konzerne, Militarisierung, ausländische Intervention und Besatzung aufnehmen.

5. Menschen zu befähigen, sich zu organisieren und sich als einzelne wie auch als Gemeinschaften ihrer Möglichkeiten und ihrer Macht bewußt zu werden und auf Eigenständigkeit und Selbstbestimmung hinzuarbeiten, die eine grundlegende Voraussetzung für Beziehungen der Gegenseitigkeit sind.

6. Einander offen als Freunde auf der Grundlage gemeinsamer Verpflichtung und gegenseitigen Vertrauens sowie von Bekennen und Vergeben gegenüberzutreten, einander laufend über alle Pläne und Programme zu informieren und zur gegenseitigen Rechenschaftspflicht und Korrektur bereit zu sein. Dies bedeutet zum Beispiel für die Beziehungen zwischen dem Süden und dem Norden die praktische Verwirklichung der gegenseitigen Rechenschaftspflicht und wechselseitigen Mitwirkung in den Entscheidungsprozessen.

7. Einander unsere Bedürfnisse und Probleme mitzuteilen im Rahmen von Beziehungen, in denen es keine absoluten Geber und keine absoluten Empfänger mehr gibt, sondern wo jeder Bedürfnisse zu erfüllen und Gaben anzubieten hat, und dafür zu sorgen, daß in den Institutionen des Nordens die hierfür erforderlichen strukturellen Veränderungen vorgenommen werden.

8. Den ganzheitlichen Auftrag der Kirche im Gehorsam gegen Gottes befreienden Willen in Wort und Tat voranzubringen. Wir sind überzeugt, daß wir den Auftrag als Ganzes verzerren und auseinanderreißen, wenn wir uns lediglich auf einen Teil konzentrieren.

9. Uns am Ringen der Menschen um Gerechtigkeit zu beteiligen und auf diese Weise alle Schranken zwischen Religionen und Weltanschauungen, die heute die Menschheitsfamilie trennen, niederzureißen. Das bedeutet zum Beispiel, daß Kirchen in Ost und West jede Gelegenheit nutzen, um den Entspannungsprozeß voranzubringen, und die so freigesetzten Mittel und Gaben für ökumenisches Miteinanderteilen verfügbar zu machen.

10. Uns den Aktivitäten internationaler Einrichtungen (wie z. B. des Weltwährungsfonds und der Weltbank) zu widersetzen, die die Völker des Südens ihrer Güter berauben, indem sie sich z. B. deren hart verdientes Kapital, das mehr wert ist als die ihnen zugehende Entwicklungshilfe, als Schulden zurückzahlen lassen und sie damit in dauerhafte Abhängigkeit bringen. Statt dessen wollen wir uns dafür einsetzen, daß der Reichtum und die Güter eines Landes, einschließlich des Reichtums seiner Kirchen, vollkommen neu und gerecht verteilt werden.

11. Gangbare Wege auszuarbeiten, wie Macht verlagert werden kann, damit die Prioritäten und Bedingungen für die Nutzung der Güter von denen festgelegt werden, denen sowohl die Güter als auch die Macht unrechtmäßig vorenthalten werden, z. B. Bewegungen für soziale Gerechtigkeit. Das würde bedeuten, daß der Süden nicht unbedingt mehr wie heute üblich lediglich beratend an den Entscheidungsprozessen teilnimmt.

12. Das wechselseitige Engagement von Kirchen und Menschen im Süden, die zahlreiche gemeinsame Anliegen haben, zu erleichtern und zu fördern, beispielsweise durch ökumenisches Miteinanderteilen.

13. Ökumenisches Teilen auf allen Ebenen – national, regional und international – zu fördern und zu intensivieren.

III

Ökumenisches Miteinanderteilen wird auf allen drei Ebenen stattfinden:
- auf Ortsebene;
- auf Landes- oder Weltregionebene;
- auf internationaler oder interregionaler Ebene.

Die Beziehungen zwischen Gremien auf den drei Ebenen des Miteianderteilens sollen durch Flexibilität, Komplementarität und gegenseitige Machtteilung gekennzeichnet sein.

Auf allen Ebenen sollte das Ziel, innerhalb der nächsten fünf Jahre eine adäquate Vertretung von 50% Frauen und 20% jungen Menschen in allen Entscheidungsstrukturen zu verwirklichen, anerkannt und angestrebt werden.

Auf Ortsebene

Der Beschluß, von nationalen oder internationalen Einrichtungen Mittel anzunehmen, sollte soweit wie möglich von der Ortsgemeinde selbst gefaßt werden.

Dort, wo lokale ökumenische Gruppen und Ortskirchen nicht zusammenarbeiten und somit nicht miteinander teilen, sollte dieser Prozeß durch Gemeinwesenarbeit gefördert und jede Anstrengung unternommen werden, um Gruppen und Kirchen zur ökumenischen Zusammenarbeit anzuregen.

Auf Landes- und Weltregionebene

Dort, wo es keine nationalen oder regionalen Gremien für das Miteinanderteilen gibt, sollten sie umgehend eingerichtet werden. Ihnen können Vertreter der Kirchen, ökumenischer Gruppen wie auch der Basis- oder Volksbewegungen angehören, die sich dem Kampf für Gerechtigkeit, Frieden und Entwicklung des ganzen Menschen verschrieben haben.

Diese Gremien sollten ihre Zusammensetzung und Tätigkeit wie auch die Machtstrukturen innerhalb und außerhalb der Kirche einer ständigen kritischen Prüfung unterziehen, um ein gerechteres und ausgewogeneres Miteinanderteilen zu verwirklichen. Sie sollen Dialog und kritische Beurteilung erleichtern, indem sie Besuchsteams aus den Kirchen und Gruppen einladen, mit denen sie Güter und Gaben austauschen. Auf diese Weise unterstreichen sie die Gegenseitigkeit der Beziehung und begünstigen das Miteinanderteilen von Macht. Internationale Einrichtungen sollten sich an den Aktivitäten dieser Gremien nur dann beteiligen, wenn sie dazu aufgefordert wurden.

Es ist wichtig, die öffentliche Meinung in allen unseren Ländern besser über die strukturellen Ursachen der weltwirtschaftlichen Unordnung zu informieren. Das kann z. B. an theologischen Ausbildungsstätten geschehen, indem man Augenzeugen aus Partnergruppen einlädt, von ihren Erfahrungen zu berichten.

Kontrollmechanismen für das Miteinanderteilen lassen sich am wirksamsten auf weltregionaler Ebene einrichten.

Auf internationaler Ebene

Ökumenisches Miteinanderteilen auf internationaler Ebene setzt eine gleichberechtigte Vertretung aller beteiligten Partner voraus. Sie sollten die nationalen / regionalen und die lokalen Entscheidungsgremien ergänzen, z. B. durch partnerschaftliche Programme und durch den Austausch aller erforderlichen, einschließlich der finanziellen, Informationen über Projekte / Programme unter den beteiligten Partnern.

Alle weltweiten christlichen Gemeinschaften und ökumenischen Organisationen sind aufgerufen, sich über den OeRK am ökumenischen Miteinanderteilen zu beteiligen und sich den Regeln anzuschließen, die von dieser Konsultation verabschiedet wurden.

Der OeRK wird aufgefordert, seine bestehenden Programmeinheiten und Untereinheiten besser ineinander zu integrieren und die Weiterleitung seiner Mittel durch die bestehenden Kanäle soweit wie möglich zu koordinieren.

Es wird empfohlen, daß der OeRK eine Möglichkeit vorsieht, um die Einhaltung der auf dieser Konsultation erarbeiteten Regeln zu überprüfen.

Wir selbst werden diese Regeln befolgen. Wir werden uns bemühen, ein Klima zu schaffen, in dem sie verstanden und angenommen werden können. Wir werden unsere Kirchen, ihre Mitglieder und ihre Hilfswerke auffordern, sie sich zu eigen zu machen.

Wir werden darauf hinarbeiten, daß diese Regeln auch außerhalb der OeRK-Mitgliedschaft angenommen werden. Wir werden die Zusammenarbeit verweigern, wenn diese Regeln ausdrücklich abgelehnt werden. Wir werden Gelegenheit für neue ökumenische

Partnerschaften schaffen, damit Kirchen unterschiedlicher Traditionen und Kontexte einander bereichern können.

Wir werden einander in unserer Verpflichtung unterstützen. Wir werden voreinander und damit vor Gott in spätestens drei Jahren Rechenschaft darüber ablegen, wie wir unsere Worte in Taten umgesetzt haben.

In der Gott dem Schöpfer entfremdeten, von Sorge und Gier besessenen Welt hat das Geld einen numinosen Glanz und eine lebenzerstörende Macht gewonnen. Der Götze Mammon beherrscht die Welt und das Leben. Kapitalismus heißt seine ökonomische Erscheinungsform.

Hans-Joachim Kraus

Gegenwärtig gibt es 141 Milliardäre auf der Welt, davon 45 in Amerika, 24 in Japan, 13 in Deutschland, sieben in Großbritannien und jeweils sechs in Hongkong und Kanada.

Joachim Schmidt
Die Distanz der Ehrfurcht und die Freiheit der Forschung

»*Ich bin für meine Rose verantwortlich…*«, *wiederholte der kleine Prinz, um es sich zu merken.*
Antoine de Saint-Exupéry

I

Der Dekalog, der bei Gott seinen Ausgang nahm, gelangt am Ende bei Ochs und Esel an, er verklingt ›in das gewöhnliche Leben hinein‹ (G. Ebeling). Nicht nur dieser ›banale‹ Ausklang allein bereitete schon so manchen Interpreten Schwierigkeiten, sondern vor allem die Frage, ob das 10. Gebot überhaupt noch einen neuen Gedanken aufgreife. Ist nicht längst schon alles gesagt, was zu sagen notwendig war? Fügt das 10. Gebot dem siebten und achten noch etwas Neues hinzu, oder bleibt es gar hinter diesen beiden zurück? Luther stellt im Großen Katechismus (1529) die besondere Pointe des 10. Gebotes klar heraus: ›Somit ist dieses letzte Gebot nicht für die bestimmt, die vor der Welt Bösewichte sind, sondern gerade für die Rechtschaffensten, die gelobt sein und redliche und aufrichtige Leute heißen wollen, weil sie ja gegen die vorhergehenden Gebote sich nichts haben zu schulden kommen lassen.‹[1]

Auch das 10. Gebot will, darin den vorhergehenden ähnlich, nicht primär Grenzen setzen, sondern vorhandene Grenzen schützen helfen. Doch es richtet sein Augenmerk in Besonderheit darauf, *wie* die Grenzen verletzt werden, nämlich auf scheinbar legalem Wege und im Schutze der ›Rechtschaffenheit‹.

Wer stiehlt, gilt als Schurke. Er hat gegen Paragraphen verstoßen und kann deshalb für sein Handeln zur Rechenschaft gezogen werden. Wer aber Gesetze unterläuft, ungeschriebene Gesetze ignoriert, Gesetzeslücken virtuos auszunutzen versteht und nur die Buchstaben, nicht aber den Geist der Gesetze achtet, der bleibt ein Ehrenmann, will gelobt werden und aufrichtig heißen, wie Luther schreibt. Er tut so, *als ob* er die Gesetze achte, in Wahrheit aber macht er sich durch sein Handeln schuldig.

Das 10. Gebot nennt dieses Als-Ob-Handeln ›Begehren‹. Und offenbar ist dies mehr als nur der *Wunsch*, sich dessen zu bemächtigen, ›was einem anderen Menschen gehört‹. Das Begehren ist zielstrebig und machtversessen zugleich. Es will nicht im Irrealis steckenbleiben, sondern drängt, koste es, was es wolle, auf Verwirklichung.

Schon das Alte Testament weiß darüber zu berichten, und unsere Gegenwart stellt das 10. Gebot ins grelle Licht erschreckender Aktualität. Diese Abhandlung greift dazu ein Beispiel heraus, indem sie das Postulat von der ›Freiheit der Wissenschaft‹ (darunter ist im folgenden immer die technisch-naturwissenschaftliche Forschung gemeint) unter der Perspektive des 10. Gebotes neu reflektiert.

II

In der Israelischen Technischen Universität von Haifa fand im Jahre 1974 ein Symposion über ›Ethik im Zeitalter der Technik‹ statt. Die dort versammelten Philosophen und Wissenschaftler verabschiedeten zum Abschluß ihres Kongresses die ›*Karmel-Deklaration über Technik und moralische Verantwortung*‹, in der es unter anderem heißt:
- »Kein Aspekt der Technik ist moralisch gesehen ›neutral‹.« (Ziff. 3)
- »Die Formulierung neuer Orientierungsmaßstäbe für ein Zeitalter der allbeherrschenden Technik ist eine dringliche Aufgabe.« (Ziff. 5)
- »Jede technische Unternehmung muß die menschlichen Grundrechte anerkennen und die Menschenwürde respektieren... Jede neue technische Entwicklung muß danach beurteilt werden, ob sie einen Beitrag zur Entwicklung des Menschen als wirklich freie und schöpferische *Person* darstellt.« (Ziff. 6)
- »Wir brauchen ›*Wächterdisziplinen*‹, mit deren Hilfe die technischen Neuerungen vor allem im Hinblick auf ihre möglichen moralischen Auswirkungen beobachtet und bewertet werden sollen.« (Ziff. 8)[2]

Vierzehn Jahre sind seit jener ›Karmel-Deklaration‹ vergangen. Sie ist heute beinahe vergessen, wenn sie überhaupt je ernsthaft wahrgenommen wurde. Die Mehrzahl der Wissenschaftler jedenfalls ignorierte sie. Es wurde weiter geforscht, weiter entwickelt, weiter experimentiert, als ob nichts geschehen sei. In der Künstlichen Intelligenz (KI) ebenso wie in der Gentechnologie. SDI sorgte für neue Gelder, und das Gütesiegel ›für Freiheit und Sicherheit‹ lieferte es gleich gratis dazu. Harrisburg, Tschernobyl, Chemieunfälle, das Sterben der Wälder und Flüsse, das Loch in der Ozonschicht, das Umkippen der Nordsee: all dies brachte uns ein neues Ministerium, neue Konferenzen, Sondersendungen – mehr nicht. Das Not-wendige unterblieb.

Wächterdisziplinen? Das wäre ja noch schöner. Wie sagte mir doch neulich ein deutscher KI-Forscher, nachdem seine Disziplin sich harte Kritik von einem Befürworter der Technologiefolgenabschätzung gefallen lassen mußte? Das muß ich mir nicht anhören. Die deutsche KI sei die rationalste der Welt, und Technologiefolgenabschätzung mache er lieber selber in seinem Institut. Die in ihrer Wissenschaft Befangenen wollen sich auch selber überwachen.

Nur vier Jahre nach der ›Karmel-Deklaration‹ kommt in London ein Baby zur Welt. Die Kameras richten ihr Auge auf das niedliche Mädchen, auf die strahlenden Eltern und nicht zuletzt auf die Ärzte, die dem Kind zum Leben verhalfen: Robert Edwards und Patrick Steptoe. Denn das Baby wurde außerhalb des Mutterleibes gezeugt. Es war das erste der sogenannten ›Retortenbabys‹. Sein Name: Louise Brown. Seitdem ging die Entwicklung zügig weiter. Einige Zahlen aus dem Jahr 1986 belegen es: Zu diesem Zeitpunkt gab es in der Bundesrepublik etwa 200 extrakorporal gezeugte Kinder, mehr als 30 Kliniken führten diese neue Technik ein, die Zahl der abgesaugten Eizellen überschritt nach Schätzungen die Zahl 10000.[3] Wohlgemerkt, das sind Zahlen, die bereits zwei Jahre alt sind und zudem nur die Bundesrepublik betreffen.

1987 – Louise Brown feiert ihren 9. Geburtstag – findet in Berlin eine nichtöffentliche (!) Anhörung der Bund-Länder-Kommission ›Fortpflanzungsmedizin‹ statt. Dabei wird bekannt, daß zur Erzeugung von Louise Brown mindestens 200 Versuche mit lebenden menschlichen Embryonen erforderlich waren. Fachleute versicherten mir, die Zahl sei in Wahrheit weit höher.

Das Protokoll dieser Anhörung bezeichnete ein Landtagsabgeordneter denn auch als ein Dokument der ›Brutalisierung der Wissenschaft‹. In diesem Protokoll ist ferner nachzulesen, daß ›führende Wissenschaftler‹, wie sie gerne genannt werden, Forschungen an lebenden menschlichen Embryonen für gerechtfertigt halten. Mehr noch, sie fordern sogar, menschliche Embryonen weiterhin allein zu Forschungszwecken züchten zu dürfen. Der Direktor der Münchner Universitätsfrauenklinik würde ein Verbot solcher Züchtung für einen ›Rückschritt für die Bundesrepublik‹ halten. Was muß das für ein ›Fortschritt‹ sein, der Embryonen zu Forschungszwecken züchtet. In der erschreckend offenen Sprache der Wissenschaftler heißt dies: ›verbrauchende Forschung‹.

All dies geschieht im Schutz und unter dem Vorzeichen des verbrieften Rechtes auf Forschungsfreiheit.

III

Um kein Mißverständnis aufkommen zu lassen: Die Freiheit der Wissenschaft ist und bleibt ein hohes Gut. Nicht ohne Grund ist sie durch unser Grundgesetz geschützt. Forschung und Lehre sind frei, heißt es in Art. 5 GG. Es gibt viele gute Gründe für dieses Gesetz. Nur – und dies ist heute dringender als je gefordert – müßten wir uns neu darüber verständigen, was ›Freiheit der Wissenschaft‹ bedeutet. Mit diesem Grundrecht kann die Debatte über die Forschungsinhalte nicht beendet werden, wie es manche gerne wollen, im Gegenteil: mit diesem Grundrecht fängt sie erst an.

Dieser Paragraph darf nicht noch länger das Billett sein, mit dem sich jeder Forscher und jedes Forschungsprojekt Zutritt verschafft ins Haus der Wissenschaften. Die Erfolge von Wissenschaft und Technik stellen nämlich nicht nur größere Anforderungen an unseren technisch-rationalen Verstand, sie erfordern mindestens in gleicher Weise von allen Beteiligten eine erhöhte Fähigkeit zur selbstkritischen Reflektion des eigenen Handelns und die Bereitschaft und Befähigung zum ethischen Dialog. Die Technik läßt sich eben nicht mehr nur *technisch* bewältigen. Das leider sehr verbreitete Argument, wer Forschung verbieten wolle, müsse sich nicht wundern, wenn dann die Forscher unser Land verließen, verrät, daß die Mehrzahl der Forschergemeinde die ethische Dimension ihres Handelns noch nicht begriffen hat oder nicht begreifen will. Denn *ist* eine bestimmte Forschung ethisch nicht zu legitimieren, dann gilt das im Land X ebenso wie im Land Y.

IV

Eine Diskussion über Bestimmungen der Forschungsfreiheit muß meines Erachtens erst einmal damit beginnen, daß sie einige ›Eckdaten‹ zur Kenntnis nimmt. Wir skizzieren sie im folgenden thesenartig.

(a) Nur wenn es auch Grenzen für die Wissenschaft gibt, macht die Rede von der Freiheit der Wissenschaft Sinn, denn Grenzen sind für jede Art von Freiheit konstitutiv. Gäbe es kein Maß, wäre vom Übermaß zu sprechen sinnlos; gäbe es keine Grenzen für die Wissenschaft, was brauchten wir ihre Freiheit eigens zu betonen?

(b) Der größte Gegenspieler der ›Freiheit der Wissenschaft‹ ist heute die Wissenschaft selber.

(b. a) Sie verwirft gesetzliche Regelungen zur Forschungsbegrenzung und plädiert statt dessen für eine freiwillige Selbstbeschränkung der Forscher.[4] Das klingt gut. Aber wann hat sie je die Freiheit besessen, von sich aus nein zu sagen? ›Freiheit der Wissenschaft‹ muß auch, und in dieser Zeit mehr denn je, bedeuten, nein sagen zu können.

(b. b) Obwohl spätestens seit Hiroshima das Argument von der Ambivalenz der Technik widerlegt ist und von keinem Forscher mehr guten Gewissens verwandt werden dürfte, bleibt es allem Anschein nach unausrottbar. Es klingt so plausibel und differenziert dazu. Aber mit seiner Hilfe delegiert die Wissenschaft Verantwortung an Politiker und Juristen, an ›Berufsethiker‹ und an die Kirchen. Forschung sei neutral, heißt es dann, und ob sie zum Guten oder zum Bösen ausginge, läge einzig und allein an denen, die sie anwenden.

Wenn dies so wäre, brauchten wir aber auch keine freiwillige Selbstbeschränkung der Forscher.

Es kann keine ›Freiheit der Wissenschaft‹ geben ohne Übernahme der Verantwortung, jedenfalls der Mitverantwortung, für das Erforschte.

(c) Technik und Wissenschaft schicken sich an, im Namen der ›Freiheit der Wissenschaft‹ über die Grenzen der Natur hinauszugreifen. Wo jedoch Grenzen nicht mehr respektiert werden, wird Freiheit grenzenlos, d. h. maßlos. Dieser Punkt ist heute erreicht. Beispiele gibt es leider genug, genannt seien nur einige: großhirnlose Föten werden bis zur Geburtsreife ausgetragen und dann als ›menschliche Ersatzteillager‹ benutzt; Experimente an menschlichen Embryonen oder ihre Züchtung zu Forschungszwecken; artübergreifende genetische Manipulationen und vieles mehr.

(c. a) Die Freiheit der Forschung gelangt da an eine Grenze, wo die Menschenwürde verletzt wird. Daß sie bereits verletzt wurde, zeigen die eben genannten Beispiele aus der Praxis der Forschung. Zudem wird es Zeit, einen neuen Begriff zu prägen, den von der ›Würde der Natur‹. Auch die Natur hat ein Eigenrecht. Ihre Ausbeutung und Zerstörung durch den Menschen sind Verstöße gegen ihre Würde. Auch unter diesem Gesichtspunkt sollten genetische Manipulationen an Pflanzen und Tieren kritisch hinterfragt werden.

(c. b) Die Freiheit der Forschung gelangt ferner an eine Grenze, wo sie irreparabel in die Zukunft eingreift. J. Rifkin nannte die Genmanipulation ein ›ökologisches Roulett‹, weil ihre Fehler nicht mehr gutzumachen seien. Überdies verliert der Begriff der Verantwortung seinen Sinn, wenn die Konsequenzen gegenwärtigen Handelns erst in weiter Zukunft zum Tragen kommen. Zwar hat wissenschaftliche Forschung schon immer in die Zukunft hineingewirkt, doch waren ihre Handlungen rückgängig zu machen, und sei es auch unter erschwerten Bedingungen. Doch jetzt zeichnen sich Tendenzen ab, daß einst die Toten über die Lebenden regieren werden, wie R. Spaemann formulierte.

Somit bedroht unsere Forschung nicht nur die persönliche Freiheit unserer Kinder und Kindeskinder, sie nimmt den kommenden Generationen auch ihre Freiheit zur Zukunft, sie beraubt sie um ihre eigenen Möglichkeiten schöpferischer Weltgestaltung.

V

Was hat dies alles mit dem 10. Gebot zu tun, und kann es uns in unserer gegenwärtigen Diskussion um Technik und Ethik weiterhelfen? Das 10. Gebot fordert, nicht begehren zu wollen, was einem anderen gehört. In alttestamentarischer Denkweise ist hier noch der Begriff des *Eigentums* zentral. Für uns heute unverständlich werden Haus und Frau, Knechte und Mägde, Ochs und Esel, in dieser Reihung und unterschiedslos dem Eigentum des anderen, d. h. des Mannes, zugeordnet.

Doch selbst im AT gibt es auch andere Denktraditionen, erst recht dann im NT. Aus gutem Grund läßt sich darum dieses Gebot auch anders lesen. Nicht begehrt werden soll, was uns nicht gehört. Und uns gehört nicht, was ein *Eigenrecht* besitzt oder das Eigentum anderer ist. Das Begehren, so hatten wir gesagt, will – unter scheinbarer Wahrung der Gesetze – sich dessen bemächtigen, was ihm zu besitzen nicht zukommt. Auch das wissenschaftlich-technische Begehren bemächtigt sich mehr und mehr des Menschen und seiner Mitwelt. Zur Verschleierung tarnt es seine Unternehmungen mit wohlklingenden Zielen und Absichten. Oder noch nicht einmal dies. Wer die Akten des Ciba-Symposions von 1962 liest, nimmt mit Erschrecken zur Kenntnis, welche Gedanken unsere Forscher, viele unter ihnen Nobelpreisträger, Menschen also, die, wie Luther sagte, gelobt sein und aufrichtige Leute heißen wollen, offen äußern und unter dem Siegel der Wissenschaft zu Markte tragen. Francis Crick zum Beispiel, Nobelpreisträger und Entdecker der Doppelhelix, der der Meinung ist, man solle einem Neugeborenen erst einige Zeit nach der Geburt den Rechtstitel ›Mensch‹ zusprechen, dieser Francis Crick also schlug vor, der Staat solle dem Speisesalz Chemikalien beimischen, damit genetisch unerwünschte Paare keine Kinder zeugen. Auch für die Züchtung tier-menschlicher Mischlinge trat er ein und meinte, die geschlechtliche Fortpflanzung solle nur noch für Experimente zugelassen werden.[5]

Es ist nicht entscheidend, ob diese Vorschläge je verwirklicht werden und schon gar nicht, ob sie realisierbar wären. Entscheidend ist die Tendenz, die sich abzeichnet und die sich frech und unverhohlen zeigt. Aus der wissenschaftlichen Neugier wurde ein machtversessenes Begehren, und das einstmals Selbstverständliche versteht sich nicht mehr von selbst: die Würde des Menschen, die Würde der Natur, die Respektierung von Grenzen, an denen man ja auch wachsen kann, der Tod als Bestandteil unseres Lebens, die Verantwortung für unser Handeln und für die Zukunft unserer Welt. Mal abrupt und lauthals, mal schleichend und von der Öffentlichkeit kaum bemerkt vollziehen sich solche Entwicklungen. Das Begehren, weil ohne Maß, ist unersättlich, es produziert neue Begehrlichkeiten und wird um seiner selbst willen befriedigt.

Nicht begehren, was einem anderen gehört: Zum Schutz für alle Beteiligten stellt sich dieses Gebot zwischen Begehrende und Begehrtes. Es schafft eine Distanz, die ich die *Distanz der Ehrfurcht* nennen möchte. Ehrfurcht vor der Würde des Nächsten und der übrigen Natur. Freiheit braucht solch einen Schutzraum, sie braucht die respektierte Distanz. Wer sich den Menschen und der Natur in der Distanz der Ehrfurcht nähert, wer sie wahrnimmt, schützt und erhält, der ist frei, und wer sie von anderen ebenfalls ermöglicht bekommt, kann sich in Freiheit entfalten. Nur in diesem gegenseitigen Respekt kann Freiheit gedeihen.

Die ›Freiheit der Wissenschaft‹ sollte sich dadurch auszeichnen, daß sie sich aller Kreatur, der ihr forschendes Interesse gilt, mit dieser Distanz der Ehrfurcht nähert und diese Grenze zu respektieren bereit ist. Wie paradox es auch klingen mag, aber erst diese Grenze ermöglicht Freiheit. Wenn solche Einsicht für Forschung und Wissenschaft wieder selbstverständlich werden würde, dann erst wäre sie in Wahrheit ›frei‹.

VI

So also verklingt der Dekalog ›in das gewöhnliche Leben hinein‹. Eine Zukunftsmusik? Jedenfalls das beharrliche Ostinato des freimachenden Gottes. Ein Angebot an eine alt gewordene Welt, der unter dem Zugriff des Begehrens die Luft auszugehen droht.

Anmerkungen

1 Martin Luther: Der große Katechismus, München/Hamburg, 1964, S. 82
2 Karmel-Deklaration über Technik und moralische Verantwortung, in: Technik und Ethik, Stuttgart, 1987
3 DER SPIEGEL, Nr. 3, 40.Jg., 13.Jan. 1986
4 u. a. auch: Felix Hammer, in: Hammer ›Selbstzensur für Forscher?‹ Schwerpunkte einer Wissenschaftsethik, Zürich, 1983
5 s. dazu: Reinhard Löw ›Leben aus dem Labor‹ Gentechnologie und Verantwortung – Biologie und Moral, München, 1985; besonders S. 155 und 186ff.

Die Bevölkerungsexplosion, als planetarisches Stoffwechselproblem gesehen, nimmt dem Wohlfahrtsstreben das Heft aus der Hand und wird eine verarmende Menschheit um des nackten Überlebens willen zu dem zwingen, was sie um des Glückes willen tun oder lassen konnte: zur immer rücksichtsloseren Plünderung des Planeten, bis dieser sein Machtwort spricht und sich der Überforderung versagt.

Hans Jonas

Ingrid Weng
Jesus-Experiment

Das alles könnte dein sein
sprach der Teufel
doch er ging nicht in die Knie
und der große Versucher
verließ Jesus
der in die Knie ging
um seinen Freunden die Füße zu waschen

Und es wird gelehrt: Rabbi Schimon, Elasars Sohn, sagt: Tue Gutes, solange du Gelegenheit findest und du die Mittel dazu vorfindest und es noch in deiner Macht liegt! Auch Salomo sagte in seiner Weisheit: »Gedenke deines Schöpfers in den Tagen deiner Jugend, solange die Tage des Übels nicht kommen« – das sind die Tage des Alters: »und anlangen die Jahre, da du sagst: Ich habe in ihnen kein Begehren mehr« – das sind die Tage des Messias, denn in ihnen gibt es nicht Verdienst und nicht Schuld.
Babylonischer Talmud

Rosemarie Wagner-Gehlhaar
Vom Haben zum Sein

»Das ist ja merkwürdig: Wieso steht denn das Haus an erster Stelle und dann erst die Frau?« staunt eine Frau über das 10. Gebot.
»Ganz klar: Frauen gibt's genug! Aber Häuser sind knapp und teuer!« klärt ein Mann sie auf.
Für mich gibt es noch mehr Erstaunliches: Nur der Besitz des Nächsten steht unter besonderem Schutz. Also setzt auch das 10. Gebot keine allgemein gültige ethische Norm. Es ist eine auf die Gruppe – hier die Israeliten – bezogene Eigentumsschutzverordnung. Es hatte die Funktion, untereinander Ruhe und Ordnung zu halten, Streit zu vermeiden. Es hatte aber keine Auswirkungen für das Verhalten außerhalb der Stammes- oder Landesgrenzen, also anderen Völkern gegenüber.
Das Gebot setzt die Gier nach Gütern voraus, stellt sie nicht in Frage, sondern will diese Gier lediglich kanalisieren. Wenn der israelitische Mann sich an fremden Gütern, Frauen und Gesinde vergreift, soll er das wirklich nur bei Fremden tun, nicht beim Stammesgenossen.
Mich betrifft dieses Gebot nicht:
Ich bin eine Frau und lebe am Ende des 20. Jahrhunderts in einer Industriegesellschaft, werde kaum die Frau meines Nächsten begehren, betrachte mich nicht als Eigentum irgendeines Mannes, habe eine Wohnung, möchte mir weder Mägde noch Knechte halten, brauche keinen Ochsen, der mir den Karren aus dem Dreck zieht und habe kein Verlangen, auf einem Esel auszureiten, mein Drahtesel reicht mir. Aber eine Aussage in dem Gebot fasziniert mich: Laß dich nicht gelüsten, du sollst nicht begehren, du sollst nicht verlangen!
Eine Warnung davor, sich vom Besitz besitzen zu lassen, triebhaft haben zu müssen. Diese Besitzgier, diese Haben-Orientierung ist nach Erich Fromm »charakteristisch für den Menschen der westlichen Industriegesellschaft, in welcher die Gier nach Geld, Ruhm und Macht zum beherrschenden Thema des Lebens wurde«. (S. 31)

Damit ist nicht nur die Gier nach den Gütern des Nächsten gemeint, sondern die Gier an sich, die Sucht nach Haben, das Horten von Gütern als Lebenszweck.

Diese Verhaltensweise bezieht sich nicht nur auf einzelne, besonders raffgierige Exemplare der menschlichen Gattung, sondern betrifft die Struktur einer Gesellschaft, geprägt vom »Geist einer Gesellschaft, die sich um Dinge dreht«. (a. a. O.) Das ist die Haben-Gesellschaft. Im Unterschied dazu zeichnet Fromm die Vision einer Gesellschaft, »die den Menschen zum Mittelpunkt hat«. (a. a. O) In der versuchten Versuchung Jesu durch den Teufel (Lukasevangelium Kapitel 4, Verse 1–13) sieht Fromm die beiden Akteure als Repräsentanten dieser einander entgegengesetzten Prinzipien:

»Satan ist der Vertreter des materiellen Konsums und der Macht über die Natur des Menschen. Jesus ist die Verkörperung des Seins und der Idee, daß Nichthaben die Voraussetzung des Seins ist.« (S. 62)

Leider hat sich das satanische Prinzip durchgesetzt. Trotz 2000 Jahre christlicher Theorie. Die christliche Praxis ist hinter Jesus zurückgefallen, ignoriert sein Lebensbeispiel.

Jesus hat die zehn Gebote überholt und die ihnen zugrundeliegenden Wertvorstellungen. Er hat alle Menschen einbezogen in seine Vision vom menschenfreundlichen Zusammenleben, nicht nur seine jüdischen Glaubensgenossen. Seine Menschenliebe war grenzenlos (»Geht hin in alle Welt...«).

Jesus, »der Held der Liebe, des Seins und Teilens, ein Held ohne Macht, der keine Gewalt anwandte, der nichts haben wollte«, wie Fromm ihn hymnisch beschreibt (S. 136), Jesus hat nicht nur das Verlangen, das Gelüsten, das Gieren nach dem Besitz des Nächsten, des Nachbarn abgelehnt. Nüchtern hat er festgestellt: »Ihr könnt nicht beiden dienen, Gott und dem Mammon!« Und er fährt fort:

»Sorgt euch nicht um euer Leben, und darum daß ihr etwas zu essen habt, ... daß ihr etwas anzuziehen habt... Seht die Vögel des Himmels an: Sie säen nicht, sie ernten nicht, sie sammeln keine Vorräte in Scheunen, euer himmlischer Vater ernährt sie ...Lernt von den Lilien, die auf dem Feld wachsen, sie arbeiten nicht und spinnen nicht. Doch ich sage euch: Salomo war in all seiner Pracht nicht gekleidet wie eine von ihnen! Euer himmlischer Vater weiß, daß ihr das alles braucht. Euch muß es zuerst um sein Reich und um seine Gerechtigkeit gehen, dann wird euch alles andere dazu gegeben!« (Matthäusevangelium Kapitel 6)

Das ist zwar ein Wahnsinnsanspruch und ein kaum zu fassender

Zuspruch, aber auch eine Perspektive! Eine Perspektive, die den Menschen im Mittelpunkt hat. Das sprengt den Rahmen des alttestamentlichen Patriarchats!

Jesus meint jeden Menschen, egal ob Kind, ob Frau, ob Mann. Weil Jesus eine neue Orientierung meint, eine vom Verlangen zum Verlieren, vom Gieren zum Geben, vom Haben zum Sein, eine Existenzweise, »in der man nichts hat und nichts zu haben begehrt, sondern voller Freude ist, seine Fähigkeiten produktiv nutzt und eins mit der Welt ist!« (Fromm S. 30).

Zitate aus
Erich Fromm: »Haben oder Sein«, dtv Oktober 1979
Die Bibel – Einheitsübersetzung, Katholische Bibelanstalt, Stuttgart 1980

Dodye Feig »gab leichten Herzens«. Niemand verließ ihn je mit leeren Händen. Hatte er kein Geld, dann bot er eine Zigarette oder ein gutes Wort. Er pflegte zu sagen: »Auch der Ärmste unter den Gläubigen findet etwas, was er teilen kann.« – »Was denn, zum Beispiel?« wurde er gefragt. – »Glauben, Hingabe; ich besitze sie nur in dem Maße, in dem ich sie mit anderen teile.« – »Und wenn der arme Gläubige keines von beiden besitzt?« fragte man ihn. – »In diesem Falle«, würde er mit einem Augenzwinkern gesagt haben, »laß ihn seine Armut teilen.«
Elie Wiesel

Claus-Dieter Schulze
Alternative Emanzipation

Eine Predigt

Liebe Gemeinde, wir haben das 9. und das 10. Gebot lutherischer Zählung zusammengenommen, weil sie sachlich eine Einheit bilden. Sie erinnern sich ja, daß Luther mit der Alten Kirche die beiden Gebote künstlich auseinandergenommen hat, um wieder auf die Zahl zehn zu kommen. Denn das Bilderverbot, das eigentlich zweite Gebot, hatte man ersatzlos gestrichen, weil nach der Überzeugung der alten Christenheit mit Christus das wahre Bild Gottes auf Erden erschienen war; dadurch galt das alte Bilderverbot zum Teil als überholt.

Aber wenn nun Haus, Frau, Esel – um nicht zu sagen: Rindvieh – und Möbel eigentlich in einen einzigen Satz hineingehören, wird dieses letzte der 10 Gebote erst einmal ein Stück fremdartiger. Da werden also Frau und Gesinde mit allem Vieh zum lebenden Inventar des Hauses gerechnet. Und so war es ursprünglich auch gemeint: das 10. Gebot ist nur ein erläuternder Kommentar (gewissermaßen in Klammern) zum 9. Gebot. Alles, was im weitesten Sinne zum Haus und Hof des freien israelitischen Bauern gehörte, war vor dem neidischen Zugriff des Nachbarn geschützt. Du sollst nicht neidisch sein, das ist der Sinn dieses Schutzappells.

Worauf sind *wir* neidisch? Auf die besseren Chancen des anderen, auf die größere Beachtung, die er erhält, auf die Tore, die er mehr schießt, auf den schöneren Urlaub, auf die längere Ausgehzeit bei Feten – so meinten es die Konfirmanden. Ein Mädchen sagte aber auch, daß Neid auf diejenigen, die später nach Hause kommen dürfen, vordergründig und unberechtigt sein kann: Vielleicht steckt in der elterlichen Besorgnis mehr echte Liebe als Bevormundung, vielleicht sind die anderen eher abgeschoben als freigegeben. Nur kein Neid, muß man sich wohl vielfach zurufen, wenn ein anderer es auf den ersten Blick besser hat. Vielleicht steckt hinter der gepolsterten Tür zum Chefzimmer ein sorgenvoller, geschlagener Mensch, vielleicht ist die Picknick-Gruppe arbeitsloser Gastarbeiter samt ihren Familien am Grunewaldsee, mitten in der Woche, trotzdem viel glücklicher. Nur kein Neid, die Fassade von Glück und Erfolg täuscht oft.

Trotzdem müssen wir zugeben, daß der Neid überall gefördert und herausgefordert wird, daß er geradezu im Interesse der Gesellschaft ist. Was spornt denn stärker an zu Leistung, Geldverdienen und Verbrauchen als der Neid? Etwa mein Wunsch nach Selbstverwirklichung oder das Bedürfnis, anderen etwas Gutes zu tun? Ich habe den Eindruck, daß die Bedürfnisse, die durch das anscheinend gute Leben der *anderen* in uns wachgerufen werden, stärker sind als eigene, selbstentwickelte Glücksvorstellungen. Was *man* trägt, was *man* gesehen oder besucht haben muß, welchen Wagen *man* fährt und wie *man* wohnt, das setzt die Maßstäbe, das steht mir auch alles zu, da muß ich mitmachen. Oder ich bin »out«, wenn ich mir nicht leisten kann, was »in« ist. Und ich beneide diejenigen, die sich alles noch schöner und noch größer und noch leichter leisten können als ich.

Die Wirtschaft, ob Elektro- oder Bau- oder Freizeitindustrie, kann fest auf meinen Neid und mein Prestigebedürfnis zählen. Der Neid und seine schon erfolgreiche Schwester, die Angeberei, sind die besten Kundenfänger. Das weiß die Reklame ganz genau, sie darf es nur nicht zu kraß und unverblümt aussprechen, sonst fühlen sich die Käufer ihrer Produkte öffentlich entlarvt und werden zurückhaltend. Aber wenn man mir sagt, daß ich mir einen bestimmten Kognak doch einfach schuldig bin, oder wenn man mir den Spruch entgegenhält: »Deine Frau bleibt länger jung, sorgt... für die Feuerung«, ja, dann muß ich mir das doch einfach anschaffen, sonst bin ich doch ein Schinder – und nur die Frauen der anderen bleiben länger jung.

Liebe Gemeinde, unsere Marktwirtschaft weiß also sehr schön meine Besitzinteressen für sich einzuspannen, einschließlich Neid und Prahlsucht. Da sage doch keiner, speziell der Marxismus sei die Philosophie des Neides. Das ist eine Schutzbehauptung derer, deren Neid und Sucht nach Haben – Habe-Sucht – schon erfolgreich gearbeitet hat und jetzt auf höherer Plattform subtiler werden kann. Wenn ich selbst zu den Besitzenden gehöre, kann ich nicht einfach den »Neid der Besitzlosen« anprangern, wenn andere gerechtere Verteilung, gerechteren Anteil am Gesamtreichtum fordern. Ich kann einem anderen nicht mit moralisch erhobenem Zeigefinger seine Begehrlichkeit vorwerfen, wenn meine Begehrlichkeit nicht mehr so stark brennt, weil sie weitgehend abgesättigt ist.

Das 9. und 10. Gebot ist gerade von solchen Gruppen gern zitiert und mißbraucht worden, die hungrige Mäuler von ihren vollen Töpfen fernhalten wollten. »Du sollst nicht begehren«, sagte der Hofprediger dem armen Volk, und der König nickte beifällig im Namen der göttlichen Ordnung. Das ist Heuchelei. Das ist eine geistliche Entwaffnung von Habenichtsen durch Leute, die selber gut gepanzert und gepolstert bleiben. Wenn Franz von Assisi das zu seiner reichen Kaufmannsgilde sagt und dann auch zu anderen, aber *nach* seinem Abschied von Besitz und Sicherheiten, dann ist das ganz etwas anderes. Der kann glaubwürdig auf den Schatz im Himmel verweisen, den weder Rost noch Motten fressen (Mt. 6,19–21). Der südafrikanische weiße Plantagenbesitzer aber darf nicht über den Neid der Schwarzen zetern, die für ihn arbeiten. Der Dahlemer Pfarrer darf sich nicht über den schimpfenden Bettler an seiner Tür entrüsten, der mit 3,– DM nicht zufrieden ist und auf das große Pfarrhaus verweist. Gottes Gebote schützen die Schwachen, selbst dieses 10. Gebot ist nicht die biblische Rechtfertigung des uneingeschränkten Privateigentums.

Im Alten Testament gibt es dafür zwei bekannte Beispiele: Da möchte der König Ahab seinen Landbesitz abrunden. Er will einen Gemüsegarten anlegen, wo Naboth seinen kleinen Weinberg hat, von dem er lebt. Naboth will nicht verkaufen, es ist das Land seiner Väter. Da stellt ihm die Königin Isebel eine Falle, und er wird wegen Gotteslästerung gesteinigt (1. Könige 21). Ein Justizmord, aber Ahab, der nicht auf das Land angewiesen ist, bekommt seine Gebietserweiterung.

Ähnlich macht es David, der schon einen Harem besitzt, mit seinem Offizier Uria (2. Samuel 11 und 12). Er gibt ihm ein Todeskommando und kann nun ganz legal die Witwe Batseba zu sich holen, nachdem sie schon seine Geliebte geworden war. Aber da klagt ihn der Prophet Nathan an: Ein reicher Mann, Besitzer von vielen Schafen und Rindern, bekommt Besuch und will ihm etwas vorsetzen, aber schlachten läßt er das einzige Lamm seines armen Nachbarn. »Der Mann soll sterben«, ruft David – und Nathan erwidert: »Du bist der Mann.«

David bereut, aber sein erster Sohn von Batseba stirbt. Und auch Ahab bereut, als der Prophet Elia ihm seinen Machtmißbrauch vorhält, aber seine Dynastie geht bald unter. Beide Male neidet ein Großer einem Kleineren seinen Besitz, und gegen diesen mörderischen Neid von oben stehen die Propheten auf und brandmarken ihn im Namen Gottes. Gewiß könnten wir ähnliche Fälle von Habgier auch aus unserer Zeit berichten, bis hin zu Staatspräsidenten, die wegen ihrer allzu geschickten Grundstückskäufe auf Kosten der Allgemeinheit schließlich doch zurücktreten müssen. Aber warum in die Ferne schweifen, sieh, das Böse liegt so nah, bei uns selber. Wir leben im Haben, im Behaltenwollen, im Festhalten und Fernhalten und Ansammeln. Wir leben im Noch-nicht-Haben, im bohrenden Gefühl, was uns alles fehlt und was man uns vorenthält, was andere schon haben und wir uns doch auch gern gönnen würden, auch wenn die anderen dann verzichten müßten, weil es vielleicht nicht für alle reicht. Wenn *ich* ihn nicht kriege, sollst *du* ihn auch nicht kriegen, sagt die verschmähte Liebhaberin und spinnt eine Intrige.

Unser Leben hängt so sehr am Haben oder Nichthaben, an unserer Ausstattung mit Besitz und Fähigkeiten! Wir irren uns über das, was uns selber ausmacht und trägt. Wir definieren uns durch das, was wir *haben*, nicht durch das, was wir *sind*, nämlich von Gott besuchte und geliebte Menschen. Mit Verfügungsmitteln aller Art, mit Ansehen und sogar mit liebevollen Menschen möchten wir *uns* gern anreichern, aber wir können anderen nichts gönnen, wenn wir nicht mindestens etwas Entsprechendes haben. Wir sind stark im Nehmen und schwach im Überlassen.

Verstehen Sie, ich spreche jetzt nicht so sehr vom Schenken anstelle des Stehlens – wie zum 7. Gebot –, sondern eher vom Gönnen und Sichbescheiden anstelle des Neides. Weil wir so über die Maßen auf unser eigenes Glück bedacht sind, gönnen wir dem anderen den Spielraum nicht, wenn wir uns bescheiden müssen – das Kind nicht den Eltern, der Kranke nicht dem Gesunden, der eine Partner nicht dem anderen. Man hat mir die Anregung gegeben, ich sollte doch in diesem Zusammenhang etwas über die Emanzipation der Frau sagen, und zwar wahrscheinlich etwas Kritisches – über die nötigen Grenzen der Selbstverwirklichung, damit Ehemann und Kinder nicht dem Untergang geweiht sind. Ich werde mich hüten, derartiges zu sagen, und zwar, weil ich ein Mann bin, historisch noch immer im Besitz der größeren Rechte und Möglichkeiten. Ich möchte nichts sagen, was wie eine Entwaffnung der Schwächeren klingen könnte. Zur Emanzipation der Frau muß eine Frau sprechen, ich kann höchstens etwas zur Emanzipation des Mannes sagen, obwohl ich da bestimmt kein Spitzenkönner bin.

Emanzipation ist nach dem ursprünglichen römischen Wortsinn keine aktive Selbstbefreiung, sondern eine Abtretung von Rechten: ich lasse jemanden »aus meiner Hand flutschen«, ich erkläre meinen Sohn für selbständig und mündig. Erst später hat sich der Sinn vom

Gnadenakt des Stärkeren zur Selbstbefreiung des Eingeschränkten gewandelt. Aber aus dem ursprünglichen Sinn könnte man positiv das Gönnen heraushören: ich freue mich, daß du dein Geschick jetzt selbst in der Hand hast, auch wenn mich das mehr Arbeit kostet. Wer das als Mann sagen kann, der hat mit seiner Emanzipation vom verfügenden Menschen zum gönnenden (nicht gönnerhaften) Partner begonnen. Das nimmt dem Neid den Wind aus den Segeln.

Übrigens: Jesus hat, anders als die Pharisäer, auch denen, die nichts für den Glauben getan haben, die Liebe Gottes gegönnt. Gönnen auch wir Menschen, vor allem den Jüngeren, das Glück, das sie sich nicht schwer erarbeiten mußten. Jesus würde sich mit ihnen freuen. Amen.

Kein Verbrechen ist schlimmer als das Verlangen; kein Übel ist größer als die Ungenügsamkeit; kein Unglück ist größer als die Habsucht. Darum: Wer genügsam ist, wird stets genug haben.
Lao Tse

Manche Weisen fliehen die Welt, andere fliehen ihre Heimat, wieder andere fliehen die Freuden der Welt und noch andere schließlich fliehen das Gerede der Welt. Diese Leute bewegen sich außerhalb der Regeln des Lebens. Ich aber bewege mich in den Grenzen dieser Regeln.
Konfuzius

Quellen

Theodor W. Adorno, »Es gibt zweierlei Arten von Geiz« aus »Minima Moralia«, Suhrkamp Verlag Frankfurt/M.

Babylonischer Talmud, »Vier Arten gibt es...« und »Und es wird gelehrt...« aus »Der Babylonische Talmud«, Wilhelm Goldmann Verlag München

Karl Barth, »Ist die feierliche Ehrfurcht...« aus »Der Römerbrief«, Chr. Kaiser Verlag München

Bhagavadgita, »Wie Feuer von Rauch...« freie Übersetzung nach dem Urtext

Buddha, »Zum dreifachen rechten Lebenswandel...« aus »Buddhas Reden«, Rowohlt Taschenbuch Verlag Reinbek b. Hamburg

Dom Helder Camara, »Geld, Macht, Ruhm...« aus »Gebet für die Reichen«, Pendo Verlag Zürich

Ernesto Cardenal, »Alle Welt...« aus »Das Buch von der Liebe«, Peter Hammer Verlag Wuppertal

Hans-Peter Dürr, »Mit der Kernenergie...« zit. in: Publik-Forum Nr. 14/1988

Hans Magnus Enzensberger, »Die einzigen, die immer recht haben...« aus »Politische Brosamen«, Suhrkamp Verlag Frankfurt/M.

Max Frisch, »Geld« aus »Tagebuch 1946–1949«, Suhrkamp Verlag Frankfurt/M.

Johann Wolfgang von Goethe, »Geld und Gewalt« aus »Sämtliche Werke«, Cotta Verlag Stuttgart

Hermann Hesse, »Es sind eigentlich...« aus »Lektüre für Minuten«, Suhrkamp Verlag Frankfurt/M.

Max Horkheimer, »Ein Querschnitt...« aus »Notizen 1950 bis 1969 und Dämmerung«, S. Fischer Verlag Frankfurt/M.

Peter Huchel, »Lob des Geldes« aus »Gesammelte Werke in zwei Bänden«, Suhrkamp Verlag Frankfurt/M.

Hans Jonas, »Die Bevölkerungsexplosion...« aus »Das Prinzip Verantwortung«, Suhrkamp Verlag Frankfurt/M.

Jüdische Anekdote, »Rebbe, ich versteh das nicht.« aus: Jutta Janke (Hrsg.), »Von armen Schnorrern und weisen Rabbis«, Sanssouci Verlag Zürich

Ernst Käsemann, »Wir haben heute…« aus Volker Hochgrebe (Hrsg.) »Provokation Bergpredigt«, Kreuz Verlag Stuttgart

Konfuzius, »Manche Weisen…« aus: Pierre Do-Dinh, »Konfuzius in Selbstzeugnissen und Bilddokumenten«, Rowohlt Taschenbuch Verlag Reinbek bei Hamburg

Koran, »Bringt euch nicht…« aus: Rudi Paret (Übs.), »Der Koran«, Kohlhammer Verlag Stuttgart

Hans-Joachim Kraus, »In der Gott…« aus »Reich Gottes: Reich der Freiheit. Grundriß Systematischer Theologie«, Neukirchener Verlag Neukirchen-Vluyn

Karl Kraus, »Es gibt Menschen…« aus »Sprüche und Widersprüche«, Suhrkamp Verlag Frankfurt/M.

Friedrich Adolph Krummacher, »Die Nachtigall im Käfig« aus »Parabeln«, 2. Bd., Bädeker Verlag Essen (1840)

Lao Tse, »Kein Verbrechen…« aus »Tao Te King«, Diogenes Verlag Zürich

Gotthold Ephraim Lessing, »Ich Unglücklicher!« aus »Lessings Werke« 1. Bd., Insel Verlag Frankfurt/M.

Georg Christoph Lichtenberg, »Was doch eigentlich…« aus »Lichtenbergs Werke in einem Band«, Aufbau-Verlag Berlin und Weimar (DDR)

Martin Luther, »Reichtum ist…« aus »Luthers Tischreden«

Friedrich Nietzsche, »So ist es dem Christentum…« zit. in: Georg Denzler, »Die verbotene Lust. 2000 Jahre christliche Sexualmoral«, Piper Verlag München

Platon, »Der Mensch…« aus »Sämtliche Werke«, Rowohlt Taschenbuch Verlag Reinbek b. Hamburg

Antoine de Saint-Exupéry, »Die Menschen bei dir…« aus »Worte wie Sterne«, Herder Verlag Freiburg

Dorothee Sölle, »Hühnerfutter« aus »Spiel doch von Brot und Rosen«, Verlag Wolfgang Fietkau, Berlin 1981, mit Genehmigung der Autorin.

Leo Tolstoi, »Eine Erzählung für Kinder« zit. in: H. u. U. Halbfas, »Das Menschenhaus«, Patmos Verlag Düsseldorf

Elie Wiesel, »Dodye Feig...« zit. in: A. Schmidt-Biesalski/ G. Banzhaf (Hg.), »Geld regiert die Welt. Ein Lese- und Arbeitsbuch«, Peter Hammer Verlag Wuppertal

Heinrich Gottlieb Zerrenner, »Lerne jeden ohne Unterschied...« aus »Predigten, ganz oder stückweise, für die lieben Landleute«, Magdeburg (1785)

Die Autoren

Dr. Gerhard Begrich, geboren 1946, ist Pfarrer und Direktor des Predigerseminars in Gnadau (DDR).

Gebhard Böhm, geboren 1948, ist Pfarrer und Studienrat am Schubart-Gymnasium in Aalen (Württemberg).

Dr. Axel Denecke, geboren 1938, ist Pfarrer in Osnabrück.

Hans-Peter Hellmanzik, Pastor, lebt in Uetze-Dollbergen.

Hartmut Joisten, geboren 1957, ist Pfarrer und Chefredakteur in Speyer.

Jo Krummacher, geboren 1946, Pfarrer am Hegel-Gymnasium Stuttgart, Publizist, lebt in Calw-Hirsau.

Dr. Volker Nollau, geboren 1941, ist Diplom-Mathematiker und Hochschullehrer für Wahrscheinlichkeitsrechnung und Mathematische Statistik in Dresden (DDR).

Dr. Friedemann Oettinger, geboren 1946, ist Gemeindepfarrer in Wiesbaden.

Dr. Hans-Richard Reuter, geboren 1947, ist Wissenschaftlicher Referent der Forschungsstätte der Evangelischen Studiengemeinschaft (FEST) und lebt als ordinierter Theologe in Heidelberg.

Joachim Schmidt M. A., geboren 1951, ist Studienleiter an der Evangelischen Akademie Tutzing/Bayern.

Rosemarie Wagner-Gehlhaar ist Pfarrerin in Hamburg.

Ingrid Weng, geboren 1955, ist Pfarrerin am Fanny-Leicht-Gymnasium in Stuttgart und lebt in Calw-Hirsau.

Dr. Claus-Dieter Schulze, geboren 1939, ist Gemeindepfarrer in Berlin-Dahlem.

Übersetzung:
Dr. Walter Jens, Jahrgang 1923, war Ordinarius für Allgemeine Rhetorik und lebt als Literaturwissenschaftler in Tübingen.

Von Walter Habdank: ein neuer großformatiger Band mit 42 Holzschnitten zur Bibel, denen auf je einer Doppelseite ausschließlich ein Bibeltext gegenübergestellt worden ist.

88 S., mit 42 teils farb. Abb., Ln. mit SU DM 48,–

Habdank versteht Kunst als Auseinandersetzung von Menschen mit Menschen über Menschen. Dafür benötigt er den Gegenstand als Bedeutungsträger, als sinnfälliges, verständliches Zeichen, als Symbol, als Sprache. Nur von diesem Ansatz her läßt sich sein Schaffen verstehen. Seine Bilder sind keine Abbilder, sondern Sinnbilder.

Schauplatz dieser Kunst ist allein der Mensch; selbst Tiere, Blumen, Landschaften reden von und zu ihm. Befreit von formalistischem und epischem Ballast steigt vor unseren Augen so etwas wie ein Urbild menschlicher Existenz auf. Habdank gibt das theatrum mundi gerafft, in der Verkürzung des Gleichnisses.

Die Vielfalt wird beschnitten, zurechtgestutzt auf exemplarische menschliche Grundbefindlichkeiten und Urerlebnisse, die eine zupackende Darstellung erfahren. Dem Betrachter erleichtert ihre Gleichnishaftigkeit das Schauen. Wer dies tut, wird sich mit diesem Menschenbild identifizieren können, wird im Bild dieser Hoffenden und Verzagten, Übermütigen und Schiffbrüchigen, Abenteurer und Verzweifelten, Vereinsamten, Ausgestoßenen, dieser Beter und Rebellen, in diesem Spiel und Spiegel menschlicher Leiden und Leidenschaften zweifellos verwandte Züge erkennen. **Helmut Bieber**

RADIUS-Verlag GmbH · Kniebisstraße 29
7000 Stuttgart 1 · Telefon 0711/28 30 91

RadiusBibliothek
Herausgegeben von Wolfgang Erk

Die besondere Reihe meisterhafter Kleinprosa
– hervorragend ausgestattet –
besonders sorgfältiger Satz, gedruckt auf gutes Papier,
Fadenheftung, gebunden in echtes dunkelblaues Leinen

Heinrich Albertz
Das Grüne Gitter
Potsdam. Sanssouci.
Ein Besuch.
32 Seiten mit drei Farbfotos
DM 12,–

Ingeborg Drewitz
Lebenslehrzeit
40 Seiten, DM 16,–

Albrecht Goes
Christtagswege
80 Seiten, DM 16,–

Peter Härtling
Brief an meine Kinder
64 Seiten, DM 16,–

Die kleine Welle
32 Seiten, DM 12,–

Für Ottla
40 Seiten, DM 12,–

Zueignung
Über Schriftsteller. Erinnerungen
an Dichter und Bücher
100 Seiten, DM 18,–

Walter Jens
Das weiße Taschentuch
32 Seiten, DM 12,–

Roccos Erzählung
40 Seiten, DM 12,–

Christoph Meckel
**Sieben Blätter für
Monsieur Bernstein**
Großformat. 32 S., 7 Abb., DM 28,–

Raissa Orlowa / Lew Kopelew
Boris Pasternak
64 Seiten, DM 16,–

Leonie Ossowski
Das Zinnparadies
64 Seiten, DM 16,–

Ruth Rehmann
Der Abstieg
32 Seiten, DM 12,–

Hans Jürgen Schultz
Warum wir schreiben
48 Seiten, DM 14,–

Volker Sommer
Yeti
48 Seiten, DM 12,–

Hilde Spiel
Der Baumfrevel
32 Seiten, DM 12,–

Martin Walser
Säntis. Ein Hörspiel
64 Seiten, DM 16,–

Variationen eines Würgegriffs
Bericht über Trinidad und Tobago
64 Seiten, DM 18,–

Radius-Verlag GmbH
Kniebisstraße 29 · 7000 Stuttgart 1